Magda-Helene Schröder

Mein Mulchgarten

ISBN: 3-923176-67-8
Copyright 1990: pala-verlag, 6117 Schaafheim
Alle Rechte vorbehalten
Lektorat: Christine Waßmann
Illustrationen: Tine Lambrecht
Umschlaggestaltung: Heine Design, Darmstadt
Druck: Paderborner Druck Centrum

Inhalt

Meinen herzlichsten Dank all jenen, die zum Werden dieses Buches beigetragen haben.

Magda-Helene Schröder

Zum Geleit

Aus Berufung und Verantwortungsbewußtsein, aus praktischer Erfahrung, aber auch aus geschäftlichem Interesse ist in den letzten Jahren eine wahre Flut von Büchern und Anleitungen auf dem Gebiet des biologischen Gartenbaus entstanden. Oftmals mit großer Sachkenntnis und Präzision wurde darin dem stetig wachsenden umwelt- und gesundheitsbewußten Menschenkreis, der das Glück hat, einen Garten sein eigen zu nennen, eine nicht hoch genug einzuschätzende Möglichkeit nahegebracht, über eine naturgemäß und giftfrei angebaute Nahrung ein entscheidendes Gegengewicht zu schaffen zu den lebens- und gesundheitsbedrohenden Auswirkungen einer sich steigernden zivilisatorischen Kunst- und Scheinwelt auf allen Lebensgebieten.

Auch dieses Buch von Magda-Helene Schröder ist als ein solches Gegengewicht zu verstehen.

Mag der erwartungsvolle Leser hier auch detailliertes Spezialwissen vermissen, so wird dieses Buch ihn aber dort treffen, weshalb wir uns alle doch als wahre Menschen sehen, nämlich im Innersten seines Herzens.

Denn dieses Buch, das wohl auch so ganz „nebenbei" einen ungewohnten, man könnte fast sagen einen neuen Aspekt in der biologischen Denk- und Arbeitsweise vorstellt, ist mit dem Herzen geschrieben, mit feinem Humor, großer Ehrlichkeit und enthält Lebensweisheit und Ethik, Eigenschaften, die sich so wohltuend und richtungsweisend aus unserer von Intellekt, Schnellebigkeit und Egozentrik geprägten Zeit abheben.

Wer sein Menschsein noch nicht ganz verloren hat, und wer seinen Garten zu einer lang ersehnten und ebenso lang vermißten Fruchtbarkeit führen und aufbauen will, der wird dieses Buch als eine Bereicherung für sein ganzes nach Vervollkommnung strebendes Wesen betrachten und durch das darin enthaltene zentrale Thema der „Mulch-total-Methode" seinen Garten zu einem kleinen Paradies machen können, und das alles mit geringstem Aufwand. So ist denn mein begleitender Herzenswunsch hierzu, daß dieses Buch den Weg zu möglichst vielen Menschenherzen finden möge.

Ralf Dzialas, Gärtnermeister

Liebe Frau Schröder,
Sie baten mich um ein Vorwort zu Ihrem Buch. Daraus wird jedoch nichts, und mir tut das nicht einmal leid!

Ein Vorwort soll: nicht sehr interessierte Leser ermuntern, sich bis zur letzten Seite des Buches durchzuarbeiten; es soll mit dem Glanz eines bekannten Autors dem eigenen Werk noch ein Zuckerl drangegeben werden; es soll vielleicht sogar gnädig loben; „das hat sie aber brav gemacht!" oder gar dem Vorwortschreiber auch etwas Glanz zukommen lassen. All das haben weder Sie noch Ihr Buch nötig: es ist ein rundes, heiteres, strahlendes, manchmal eher besinnliches, aber immer unendlich unterhaltsames und praktisches Geschöpf geworden. Es ist - obwohl nur aus Druckerschwärze und Papier bestehend- ein kleines, warmes und atmendes Lebewesen entstanden. Wie das?

Seine schwarzen Buchstaben sickern wie Sämlein durch die Augen des Lesenden in sein Gehirn und gewinnen hier sofort ganz ungeheuer an Gestalt. Denn in Sekundenschnelle entsteht dort das Bild des eigenen, lebendigen Gartens, der sich von Zeile zu Zeile fortwährend ändert, verwandelt, vergrößert, verbessert und das auf eine solch einladende und leckere Art, als ob man ein ganzes Jahr wacker im Freien gearbeitet hätte. Und wenn man's, wie ich, im Winter gelesen hat und voller Eifer und Weltvergessenheit ins Freie stürzt, um sofort mit den Erfahrungen zu beginnen, ist man maßlos darüber enttäuscht, daß gerade Schnee über allem liegt.

Sie verstehen es, plaudernd die wichtigsten Wahrheiten sacht und liebevoll in den Leser zu senken, so wie man empfindliche Sämlinge austopft. Sie verstreuen kleine Neckereien und Ellenbogenstöße, so wie ein guter Gärtner Zinnkraut und Brennesselbrühe verwendet. Auf diese Weise bekommt der Leser beim Auf- und Ab an Ihrem Gartenhang weder wunde noch müde Füße.

Die Idee des Mulchens ist so natürlich wie Mutter Natur. Man muß - um dies besser zu verstehen - daran erinnern, daß das Riesenvolk der Chinesen in seiner gesamten Geschichte noch nie eine erschreckende Hungerkatastrophe gekannt hat und daß es dort zwar arme, aber nie unterernährte Menschen gibt. Kenner der Materie führen dies alleine auf die Art der chinesischen Landwirtschaft zurück, einem Gartenbau mit absoluter Rückführung aller organischen Materie. Aber was in den dortigen „Gärten" mühevoll untergehackt werden muß, verschwindet in Ihrem mühelos unter der Mulchdecke. So verbinden sich in Ihrem Buch auch noch Jahrtausende alte Gartenerfahrung mit der Bitte unserer Mutter Natur, daß man ihre Haut unverletzt halte, wie das der berühmte Häuptling Seattle in seiner zur Legende gewordenen Rede an den weißen Vater in Washington gefordert hat.

Dr. med. Johann Abele
Erster Vorsitzender des Deutschen Naturheilbundes e.V.

Vorwort

„Die Natur ist unser Jungbrunnen; Schwächen wir sie, so schwächen wir uns, morden wir sie, so begehen wir Selbstmord. Eine Macht muß die Naturschutzbewegung sein, eine solche Macht, daß die Industrie, der Handel, der Verkehr, der Ackerbau und die Forstwirtschaft mit ihr rechnen müssen. Deshalb werden wir uns nicht scheuen, den Vorwurf auf uns zu laden, wir seien Schwärmer und Reaktionäre, Feinde des Fortschritts und Leute ohne praktischen Blick. Wir sehen eben weiter als jene Leute, die nur an das Heute denken, die Legehennen schlachten und das Korn grün machen."

Diese Worte entstammen nicht etwa unseren Tagen, wie man denken könnte, sondern sie wurden vor fast 80 Jahren von *Hermann Löns* gesprochen. Wenn man die heutigen Verhältnisse betrachtet, so muß man feststellen, daß er - wie so manch anderer - ein Rufer in der Wüste war.

Trotzdem sollten wir uns nicht entmutigen lassen, sehen wir doch gerade gegenwärtig die unterschiedlichsten Bemühungen auf vielen Ebenen, die Schäden, die wir unserer Erde zugefügt haben, wieder rückgängig zu machen. Das Bewußtsein dafür hat sich allenthalben geschärft.

Das vorliegende Buch ist sicher nur ein ganz kleiner Beitrag, - ein Mosaiksteinchen - um die Dinge, die aus den Fugen geraten sind, wieder zu ordnen. Ich bin aber sehr zuversichtlich und hoffe, viele Nachahmer zu finden. Vielleicht trägt es dann doch ein Stück dazu bei, unsere Mutter Erde wieder ins Lot zu bringen.

„Ein Biogarten ist eine Überlebenschance" - so ähnlich formulierte es einmal ein Redner auf einem Seminar für biologisch-dynamischen Gartenbau, und dieser Satz hat sich mir sehr eingeprägt.

Was kann man heute Vernünftigeres tun, als jedes Stückchen Land, das uns zur Verfügung steht, zu nutzen, eine gesunde, lebendige Nahrung für uns und unsere Familien zu erzeugen? Die Beschaffung auf andere Weise wird immer problematischer. Wir alle wissen, daß die gekauften Lebensmittel - die diesen Namen oft schon gar nicht mehr verdienen - kaum mehr dem entsprechen, was der Mensch für die Erhaltung seiner Gesundheit benötigt.

Immer neue und größere Gefahren kommen auf uns zu. Ich denke da - um nur ein Beispiel zu nennen - an die radioaktive Bestrahlung von Nahrungsmitteln. Dies soll der längeren Haltbarkeit und dem besseren Aussehen dienen. Noch ist dies in Deutschland nicht erlaubt, doch in anderen Ländern wird es längst praktiziert. Obst und Gemüse werden an der Grenze, da die Verfahren im Augenblick noch sehr aufwendig sind, allenfalls stichprobenartig auf Bestrahlung untersucht, der Rest gelangt unkontrolliert durch den Import auch zu uns.

Was wir im eigenen Garten herangezogen haben, können wir immer noch mit großem Genuß und ohne Angst zu uns nehmen, vorausgesetzt, wir verwenden für den Anbau weder chemische Dünger, noch Pestizide.

Natürlich sind wir nicht imstande, die schädlichen Auswirkungen z.B. der Abgase aus dem Straßen- und dem Flugverkehr aus unseren Gärten fernzuhalten, jedenfalls nicht direkt. Doch indirekt hat jeder von uns die Möglichkeit, diese bedrohlichen Praktiken auf ein Mindestmaß zu beschränken. Durch eigenes vernünftiges Verhalten können wir sehr wohl viel dazu beitragen, wenn es sein muß und wenn offensichtlich wird, daß von offizieller Seite nichts unternommen wird, um „Gefahr vom Volke zu wenden" auch durch Proteste und Widerstand.

Den oft gehörten Einwand „Was kann ich als Einzelner denn schon bewirken", lasse ich nicht gelten. Daß Proteste nicht vergebens sind, hat sich am Beispiel Wackersdorf gezeigt. Sie müssen nur energisch und beharrlich genug sein - selbstverständlich mit legalen Mitteln.

Außer dem praktischen Nutzen hat ein Garten ja auch einen ideellen Wert, der nicht zu gering geschätzt werden darf. Wo können unsere Kinder besser, freier und gesünder aufwachsen als in einem Garten? Sie teilhaben zu lassen an dem großen Schöpfungsakt der Natur, am Werden und Vergehen, sie von klein auf beobachten zu lassen, wie das heranwächst, was der Mensch für seine tägliche Ernährung braucht - vom Samenkorn bis zur fertigen Frucht.

Die Erwachsenen aber möchte ich dazu anregen, sich wieder vermehrt dem „ureigensten Beruf von Anbeginn an" zuzuwenden und sei es auch nur als Ausgleich für eine oft entmenschlichte Tätigkeit, der der Mensch des 20. Jahrhunderts häufig nachzugehen hat.

Durch die körperliche Bewegung in frischer Luft, durch die Freude am Planen und dem sichtbaren Erfolg seiner Bemühungen, ohne Streß und Druck, kann er hier wieder zu sich selbst finden.

Für ältere Menschen aber war die Tätigkeit im Garten schon immer eine Quelle beglückender, sinnvoller Arbeit. Gerade auch für sie ist die Mulchmethode ganz besonders geeignet. Sie werden sehen. Sie können ihre verbleibenden Kräfte effektiv einsetzen, ohne sich zu überfordern, und das bis ins hohe Alter.

Ich möchte meine einführenden Gedanken mit einem kleinen Gedicht abschließen, das ich in der Hoffnung geschrieben habe, daß uns unser Garten Eden immer erhalten bleiben möge.

Eden

Nackter Fuß im Morgentau　　　　*Vergißmeinnicht und Mädesüß*
Libelle hoch im Blau　　　　　　*Traum vom Paradies*
Regenwurm und Tausenschön　　*Aus dem wir uns vertrieben*
Schwalbenpaar am Bau　　　　　*wie lang noch bleibt uns dies*

Samen rinnt - von Ewigkeit　　　　　*Magda Helene Schröder*
her durch meine Hand'
Erde ist so nah _
atmend ihre Fruchtbarkeit
fühl ich - Gott ist da

Die Vorgeschichte

Dumme rennen
Kluge warten
Weise gehen in den Garten.
                    R. Tagore

Möchten Sie sommers wie winters ohne Zudecke in ihr Bett gehen? Ganz gewiß nicht!

Wenn ich heute so mit dem Rad, der Bahn oder auch einmal mit dem Auto durch die Gegend fahre und ein Stück Gartenland sehe, fein säuberlich umgegraben, Scholle für Scholle nackt jeder Witterung ausgesetzt, der Kälte, dem Wind, den Regengüssen, der starken Sonneneinstrahlung, dann werden uralte Instinkte in mir wach. Es geht mir so wie einer Mutter, die nach ihrem schlafenden Kind sieht und es bloßgestrampelt findet.

Ich möchte anhalten, aussteigen und das Gartenland liebevoll einhüllen. Ich möchte meine Daunendecke für den Garten darüber breiten: den *Mulch!*

Liebe Gartenfeinde, liebe Gartenfreunde und solche, die es erst werden wollen!

Wenn ich auf meine 50-jährige Gartentätigkeit zurückblicke, wird mir bewußt, daß ich jeden Winter absolut zu der zweiten, oben angesprochenen Kategorie zähle, also zu den Freunden des grünen Paradieses vor oder hinter der Haustür. Ich freue mich ungemein auf das Frühjahr und wälze Pläne, was ich mir alles in diesem Sommer aus den buntbebilderten Katalogen der Samenhäuser in die Wirklichkeit meines 300 Quadratmeter-Gartens holen werde. Ich kann es kaum erwarten, meine wintersteifen und etwas träge gewordenen Glieder wieder in Schwung zu bringen.

Im Laufe des Sommers aber - so ganz allmählich - je krummer und schmerzender mein Rücken wird und je mehr mein Elan schwindet; je fanatischer mein Kampf gegen jedes „Unkräutlein" wird, das da all meinen Bemühungen zum Trotz sein Daseinsrecht behauptet, desto mehr beneide ich jene, die einfach genüßlich in der Sonne liegen oder sonstigen Hobbys nachgehen, die sich niemals mit Hacke, Spaten, Schubkarre und ähnlichen Marterwerkzeugen abgeben und die nicht wie ich abends todmüde ins Bett fallen.

Der Wandel ist vollkommen. Aus der ehedem begeisterten Anhängerin - vom gemütlichen Schaukelstuhl des Winters aus - ist da unversehens ein Mensch geworden, der die ganze „Maloche" zum Teufel wünscht. Und so vollzieht sich das Jahr um Jahr und wird mit zunehmendem Alter nicht besser.

Als ich durch Zufall vor etwa zwei Jahren auf eine Öko-Gartenschau geriet, war ich durchaus nicht an der einschlägigen Literatur interessiert. Nicht im geringsten! Auch wenn sie da noch so verführerisch ausgebreitet lag.

Nachdem ich meinen Garten seit nunmehr über 20 Jahren biologisch betreibe, glaubte ich, längst alles Wissenswerte intus zu haben. Ich wollte mir nicht noch weitere Bücher über diese Themen zulegen.

Vor allem eines wußte ich ganz sicher: das Gärtnern im biologischen Sinne bedeutet eine Menge mehr Arbeit, als dies bei der herkömmlichen Art und Weise der Fall ist.

Es ist z.B. sehr einfach, sich im Laden die entsprechenden Präparate zu besorgen (der Siegeszug der Chemie in den Gärten kam nicht von ungefähr) und damit ein- oder zweimal über das Land zu gehen, wenn sich Schädlingsbefall zeigt. Wieviel mühsamer ist es dagegen, Brennessel, Rainfarn, Schafgarbe oder Schachtelhalm zu sammeln, davon Jauche anzusetzen, jeden Tag fleißig darin herumzurühren, das Ganze dann zur rechten Zeit durch ein Sieb oder Tuch zu geben und damit mehrmals wöchentlich zu gießen oder zu spritzen.

Auch wenn zweitere Methode dauerhaftere Erfolge bringt und vor allen Dingen besser ist - weil unschädlich für Mensch, Tier und Boden - die Arbeit will halt allemal getan sein!

Als Beispiel, dafür, wie gefährlich der Umgang mit den sogenannten chemischen Pflanzenschutzmitteln ist, ein Auszug aus dem *Scientist 1569* aus dem Jahre 1987:

Wer in seiner Wohnung oder in seinem Garten Pestizide oder Herbizide verwendet, setzt seine Kinder einer Leukämiegefahr aus. Dies stellten Wissenschaftler um J. M. Peters, University of Southern California, fest. Sie erkranken 3,8 mal so häufig an Leukämie wie Kinder von Eltern, die keine Schädlingsbekämpfunsmittel verwenden.

Die Ausstellung durchstreifte ich also - wie gesagt - ohne größeres Interesse, bis mir ein Buch ins Auge fiel: „Mulch - Gärtnern ohne Arbeit". Das wurde doch allen Ernstes von einer gewissen Ruth Stout behauptet. Und das schlug natürlich ein!

„Na, Anschauen, das kostet ja nichts", dachte ich mir „du weißt ja", versicherte ich mir im Innern, „daß du nichts, absolut nichts mehr in dieser Richtung kaufen willst. Das hast du dir doch geschworen!"

Es scheint das Schicksal von Schwüren zu sein, gebrochen zu werden, ja, sie fordern dies wohl geradezu heraus. Wie froh bin ich heute, daß dem so ist.

Sie ahnen es bereits, liebe Leser: ich kehrte mit drei Exemplaren dieses Buches in meiner Tasche nach Hause zurück. Eines für mich, zwei zum Verschenken an liebe Bekannte, die mir seit Jahren mit ihren Klagen über die Gartenfron in den Ohren lagen.

Bereits in der Bahn war ich so von der Lektüre gefesselt, daß ich beinahe meinen Ausstieg am Heimatbahnhof verpaßt hätte.

Man sollte also nie denken, man wäre am Ende seines Lernens angelangt, wie alt man auch immer sein mag, sondern im Gegenteil offen bleiben für alles Neue, das auf einen zukommt. Das Buch hatte mich - so scheint es - genau im rechten

Augenblick „getroffen". Um das näher zu erklären, muß ich ein wenig aus meinem Leben plaudern.

So lange ich denken kann, hatte ich den Wunsch zu schreiben! Doch das Leben hat mir dann ganz andere Aufgaben gestellt. Genau an meinem 16. Geburtstag starb meine Stiefmutter, und aus war es mit all meinen Träumen bezüglich meines weiteren Lebens. Seither hatte ich mehr oder weniger immer für eine größere Familie zu sorgen.

Auch nach meiner Verheiratung ging es mir wie so vielen Frauen meiner Generation; ich war halt immer nur die Frau des Dipl.-Ing. Joh. Schröder. Drei Kinder habe ich geboren, alle drei in Hannover mitten im Krieg: 1941, 1942 und 1944. Nachdem die Aufgabe der Kindererziehung erfüllt schien und ich daran dachte, ein eigenes Leben aufzubauen, hatte ich die Mutterrolle ganz oder teilweie bei zwei Enkelkindern zu übernehmen und sie ins Leben zu führen.

Nun lebe ich hier im Weserbergland, und nach dem Tode meines Mannes machte ich mich bald daran, meinen Jugendtraum zu verwirklichen, ich fing an zu schriftstellern. Allerdings in einem etwas anderen Gebiet, als ich mir das früher gedacht hatte. Ich habe mich mein ganzes Leben lang sehr für Fragen der Ernährung und des Umweltschutzes interessiert, - beides hängt für mich unmittelbar zusammen. Was lag also näher, als mich zunächst diesen Themen zuzuwenden.

Genau so groß wie der Wunsch zu schreiben, war aber auch immer schon der Wunsch zu gärtnern. Letzteren konnte ich mir schon eher, einfach aus der Not der Kriegs- und Nachkriegszeit heraus, erfüllen. Wir pachteten ein Stück Gartenland, und ich war mehr schlecht als recht bemüht, ihm ein wenig Ertrag abzuringen, um die Familie mit drei hungrigen Kindern zu ernähren. Zwar sagte meine heranwachsende Tochter eines Tages zu mir: „Ich weiß, Mutti, warum du so gerne in den Garten gehst und dort arbeitest. Die Pflanzen können Dir nämlich nicht widersprechen, was immer du mit ihnen machst!"

„Wie weise von dem Kind", dachte ich mir damals, zu einer Zeit, als ich mich tagtäglich der massiven Kritik dreier halbwüchsiger Kinder zu stellen hatte. Und die es als weit unter ihrer Würde betrachteten, dem Garten auch nur nahe zu kommen.

Heute, da ich allein lebe und solchen Anfechtungen nicht mehr ausgesetzt bin - höchstens wenn mich meine Enkelkinder besuchen, die inzwischen auch in die Jahre gekommen sind, weiß ich, daß die Pflanzen ihren Protest sehr wohl ausdrücken können. Freilich auf eine sehr viel subtilere Art, als dies bei Menschenkindern im Pubertätsalter der Fall ist. Sie kümmern einfach lautlos vor sich hin. Jedenfalls haben wir kein Gehör für ihre Klagen und Seufzer.

Aber ich gehe doch jetzt sehr viel behutsamer als damals mit ihnen um, sowohl mit den Lebewesen Pflanzen als auch mit den Lebewesen Kindern.

Und die Arbeit im Garten, die tue ich immer noch gerne, daran hat sich nichts geändert.

Ich weiß, daß sie ein Quell der Gesundheit für mich ist, einmal durch die Bewegung in der frischen Luft bei fast jeder Witterung, zum anderen durch ihr Ergebnis in Form von frischem Obst und Gemüse zu jeder Jahreszeit.

Doch mir wurde es immer schwerer, meine beiden Lieblingsbeschäftigungen unter einen Hut zu bringen. Die Kraft reichte einfach nicht mehr für beides. Ich mußte mich für eines entscheiden, was mir undenkbar schien. Keines von beiden wollte ich aufgeben.

Da bat ich meinen Schöpfer inbrünstig, seine Fauna um eine Spezies zu erweitern. Falls ich wieder auf die Welt käme, möge er mich doch - bitte sehr - als „Tausendhänder" in diese entlassen.

Tausendfüßler, die gab es ja schon immer, obwohl ich sie ja noch nie so ganz genau nachgezählt habe - die Füße. Spätestens nach dem 364. Paar war ich immer eingeschlafen. Auch haben mir meine beiden Gehwerkzeuge vollauf genügt und mich eigentlich immer dorthin gebracht, wo ich hinwollte.

Aber Hände, die hatte ich oft nicht genug im Leben. Ein Tausendhänder bin ich noch nicht, aber *ER* schickte mir das Mulchbuch.

Nun bin ich also in meinem Garten nach den Weisungen von *Ruth Stout* tätig. Sie hat den ihren in Connecticut, USA, bis zum erstaunlichen Alter von 96 Jahren mit Leichtigkeit beackert. Aber nein - beackern - das ist ja wohl nicht der rechte Ausdruck für das, was sie da so erfolgreich praktiziert hat. Sagen wir also besser: bewirtschaftet. Denn zum Ackern gehören ja vornehmlich Pflügen, Graben, Hakken usw., und das ist hier - um es gleich vorweg zu nehmen - nicht nur völlig unnötig, sondern sogar gänzlich verpönt. Es ist absolut schädlich, weil zerstörend für das Bodenleben und seine Kleinstbewohner, und die sollen uns die Arbeit in Zukunft ja weitgehend abnehmen.

Außerdem verbindet sich mit dem Begriff „Ackern" unvermeidlich die Vorstellung von Mühsal und „im Schweiße deines Angesichts", und genau das wollen wir ja auf gar keinen Fall mehr tun.

Sind Sie aber so jung, so gesund, vital und kräftig, daß Sie Ihren Garten mehr als Instrument des Ausgleichssportes ansehen, um den schädlichen Auswirkungen der sitzenden Tätigkeit, der Geistesarbeit oder des zu häufigen Autofahrens entgegenzuwirken, dann vergessen Sie bitte meine Ratschläge.

Die Zeit wird auf jeden Fall für mich arbeiten. Spätestens in einigen Jahren, wenn Sie das Zipperlein zu plagen anfängt oder auch der „Reißmatthias" - sprich Ischias - Sie aber trotzdem nicht auf den unvergleichlichen Genuß von selbstgezogenem und selbstgeerntetem Obst und Gemüse verzichten wollen, ist meine Stunde gekommen.

Freilich, eine Illusion muß ich Ihnen gleich zu Anfang zerstören. Doch ich denke, das hat wohl auch niemand so ganz wörtlich genommen: Gärtnern ganz ohne Arbeit - das gibt es nicht!

Wenn Ruth Stout so witzig schreibt, ihr bevorzugtes Gartengerät sei das Sofa, dann steckt darin zwar ein Körnchen Wahrheit, aber auch viel dichterische Freiheit, die ein wenig übertreibt, eben, um etwas zu „verdichten", das heißt besser sichtbar zu machen.

Eines aber ist ganz gewiß: die schwerste Gartenarbeit, das Umgraben, das Urbarmachen, das stundenlange Jäten und Hacken, das mühselige Kompostieren, das Umsetzen des Komposthaufens und das Sauberhalten der Wege, - all diese Dinge, die besonders einer Frau so schwer fallen, sind unnötig! Das werden gerade ältere Frauen zu schätzen wissen. All diese Tätigkeiten entfallen in Zukunft ganz oder werden auf ein Minimum beschränkt.

Auch viele Männer lieben Gartenarbeit nicht besonders, das weiß ich. Sie überlassen sie gerne den Frauen, besonders das eintönige, mühsame und zeitraubende Säubern der Beete. Wenn das Ergebnis dagegen rasch zu sehen ist, und wenn sie so richtig zeigen können, was an männlicher Kraft alles in ihnen steckt, ist es schon eher ihre Sache.

Vor Jahren, als mein Mann noch lebte, nahm er mir gerne die Arbeit des Umgrabens ab, da dies - wie er meinte - für eine Frau viel zu schwer sei! Als ich dann alles allein machen mußte, wurde mir klar, daß mein Rücken nach stundenlangem Säubern der Wege und Unkrauthacken und -jäten viel mehr schmerzt, als beim Umgraben eines Stück Gartenlandes, das hier bei dem schweren lehmigen Boden manchmal nicht ganz zu umgehen war.

Selbstverständlich meine ich die Zeit, *bevor* ich die Segnungen der ganzjährigen Mulchmethode kannte. Plötzlich wird alles so einfach! Ist das nicht ein gewaltiger Fortschritt?

Mulchen - was ist das?

Da ich gelegentlich Vorträge über das Thema Mulchen halte, bin ich immer wieder erstaunt, wie vielen Menschen allein das Wort *Mulch* unbekannt ist. So möchte ich denn erst noch einmal erklären, worum es sich handelt. Mulchen ist durchaus nichts Neues, im biologischen Gartenbau wird es schon lange praktiziert. Weithin unbekannt ist bisher noch das *ganzjährige* Mulchen, das, was ich die *Mulch-total-Methode* nenne.

Am einfachsten ist Mulchen mit „bedecken" übersetzt. Nachdem ich lange vergeblich danach geforscht habe, wie der Begriff entstanden ist, schickte mir ein Freund einen Auszug aus *Grimms ethymologischem Wörterbuch*. Darin heißt es:

„Mull, Müll, n. staub zerfallende Erde, unrat, ein im norden heimisches wort, mnd. mulles Schiller-Lübgen 3,132, flandrisch mul, ghemul pulvis Kilian, das sich einfach im alten oberdeutschen nicht findet, wohl aber als collectivum ahd. gamulli ruder, mhd gemülle, vgl. dagegen unter gemülle th. 4,1, 3289, und zu müllen zerstoßen (S.d.) gehört; erst die neuere schriftsprache verwendet es."

„Müllen, verb. locker werden: wenn trockene Erde entweder vom frost mürbe und lose gemacht, oder vermöge einer starken vermischung mit sand, von selbst abbröckelt oder zerfällt, so sagt man sie mullet ab. Jacobsen 6,60 l. So nahe die beziehung zu dem oben angeführten neutr. mull läge, so wird man das Wort doch zu den adj.mollicht, alt molwec, und mülbicht gehören und das ahd.mollicht molawen tabescere sein."

Nun wissen wir es also! Es handelt sich - auf gut deutsch gesagt - um die *Bedeckung des Gartenbodens mit organischen, verweslichen Stoffen.*

In Frage kommen dafür: *Heu, zerkleinerte Reste von Baumschnitt, Gras, Laub, Rinde, Blätter, alle Pflanzenteile, Aushub aus Gräben, Sägemehl, Holzasche, Küchenabfälle, Stroh, Pappe, u.a.m..*

Diese Materialien werden auf den Boden aufgebracht. Ihre Aufgabe ist es, dem Boden die entnommenen Substanzen - vornehmlich Nährstoffe und Mineralien - wieder zuzuführen, außerdem die Bodengare durch Kleinstlebewesen anzuregen, den Humusanteil zu erhöhen, die schädlichen Einflüsse von zu intensiver Sonneneinstrahlung zu mildern, die Pflanzen vor zuviel Nässe zu schützen und sie bei Frost vor dem Erfrieren zu bewahren.

Mulchmaterialien

Torf, eines der beliebtesten Mulchmaterialien habe ich aus gutem Grund nicht in meiner Liste aufgeführt. Er sollte als Mulchmaterial nicht länger Verwendung finden. Abgesehen von der Tatsache, daß er für den Garten keinerlei Nährwert besitzt, sondern im Gegenteil den Boden noch versäuert, gehört Torf, wenn wir nicht auch noch unsere letzten Hochmoore verlieren wollen, ins Moor und sonst nirgendwohin.

Rindenmulch, also zerkleinerte Baumrinde, der vielfach angeboten wird, ist nicht ganz unbedenklich. Soweit dies in öffentlichen Anlagen, Parks, Blumengärten etc. geschieht, ist wohl nichts dagegen einzuwenden. Jedenfalls ist es gut, daß die Bodendeckung mit Rinde die bisher praktizierte Methode der chemischen Unkrautvernichtung abgelöst hat und die Vorteile des Mulchens zum Tragen kommen können.

Doch muß man sehr genau unterscheiden zwischen Rindenmulch und Rindenkompost. Rindenmulch enthält nämlich schädliche Stoffe wie Gerbsäure und Phenole und darf deshalb nur zum Mulchen unter Gehölzen und zum Abdecken von Wegen verwendet werden. Beim Rinden*kompost* sind dagegen durch Kompostierung die schädlichen Stoffe abgebaut worden, er kann deshalb weit vielfältiger eingesetzt werden.

Aber wir wissen, daß seit Tschernobyl alles, was aus dem Walde kommt, belastet ist. Nahrungsmittel sind zwar heute nur noch geringfügig radioaktiv belastet, aber auch das gilt nicht für Eßbares aus dem Wald, so die Erkenntnise der *Gesellschaft für Strahlen- und Umweltforschung (gfs)* in München. Ich halte mich also lieber an Dinge, von denen ich annehmen kann, daß sie weitgehend unbelastet sind, mit Schadstoffen werden wir ja sowieso viel mehr eingedeckt, als uns lieb sein kann.

Bevor ich davon wußte, hatte ich mir einmal **Adlerfarn** aus dem nahen Wald geholt, der dort in großen Mengen wächst und als ausgezeichneter Bodendecker und Humusbereiter bekannt ist. Er steht zwar nicht unter Naturschutz, trotzdem meinte ein Freund vom *Deutschen Bund für Vogelschutz (DBV)*: „Stell Dir vor, wie der Wald aussähe, wenn das alle so machen würden."

Sicher hat er recht, doch ich habe keine Angst, Nachahmer zu finden. Dazu ist das Verfahren viel zu mühsam. Besonders war es das für mich, da ich alles mit dem Fahrrad zu bewältigen habe. Ein Auto will ich mir erst wieder zulegen, wenn es ein wirklich umweltfreundliches Kleinmobil für mich gibt!

Ich möchte ja schließlich nicht immer nur von Umweltschutz reden bzw. schreiben, sondern vor allem selbst mit gutem Beispiel vorangehen und zeigen, daß manche Dinge auch ganz gut ohne Auto gehen - so unbequem dies auch manchmal für mich sein mag. Ich höre einige Leser schon fragen: „Was hat denn das alles mit Garten und Mulch zu tun?" Nun, ich denke, eine ganze Menge. Was immer wir machen, hat Auswirkungen rundum - im guten, wie im schlechten Sinne. Meine gewaltigen Anstrengungen, einen gesunden Boden mit ebensolchen Pflanzen zu bekommen, nutzen mehr, wenn weniger saurer Regen herunterrauscht und weniger Autos ihre Abgase darauf niederpusten.

Auch **Mulchfolie**, d. h. meist dunkle Plastikfolien, die mit Schlitzen versehen sind, könnte man verwenden. Damit läßt sich zwar Wildkräuterwuchs verhindern, für den Boden jedoch bringt es keinerlei Verbesserung. Und warum soll ich mir totes Material in meinen Garten holen, der doch lebendig sein soll, wenn mir die Natur ständig Mulchmaterial bereitstellt, das außerdem den Boden anreichert und all die Anforderungen erfüllt, die ich an Mulchmaterial stelle.

Heu scheint mir für die Humusbildung außerordentlich wertvoll zu sein. Es tut mir immer weh, wenn ich sehe, daß es mancherorts noch in Müllsäcke gesteckt wird. **Gras** ist wohl das Material, das fast in jedem Garten anfällt und somit überall zu haben ist. Es ist durchaus zum Mulchen geeignet. Nur sollten solche wasserhaltigen Materialien dünn, d.h. höchstens einige Zentimenter hoch aufgebracht werden, da sonst die Gefahr der Fäulnisbildung besteht. Dadurch wird es notwendig, die Decke oft zu erneuern, denn besonders für die Unkrautbekämpfung muß die Mulchschicht so hoch liegen, daß der Lichteinfall gebremst ist. Stroh kann man - je nach Verwendungszweck - ohne weiteres 10 Zentimeter und noch höher aufbringen, ja, in manchen Fällen sogar in ganzen Bündeln. Bei frischem Grasschnitt ist es außerdem ratsam, ihn erst einige Tage gesondert aufzuschichten, da das frische Gras die Schnecken anzieht. Nach einigen Tagen entfällt dieser „Anziehungspunkt" aber.

Auch **Pappe** ist ein Material, das überall in großen Mengen anfällt und somit kostenlos zur Verfügung steht. Wenn sie nicht gefärbt ist, kann man sie in einem Biogarten vielfältig einsetzen und leistet damit gleichzeitig einen Beitrag zur sinnvollen „Müllentsorgung". Besonders zum Abdichten der Wege ist Pappe hervorragend geeignet. Unter Stroh oder Sand gelegt, verhindert sie das Hochkommen von Wildkräutern und wird langsam dem Organismus Boden einverleibt, ihn dabei durchaus bereichernd. Ich bringe gerne eine Schicht scharfen Sand über die Pappe auf die Wege zwischen den Beeten und am Rande des Gemüsegartens auf. Das hält die Schnecken fern, da sie auf dem Weg darüber zuviel Schleim verlieren.

Küchenabfälle werden das ganze Jahr über direkt auf die Beete aufgebracht, soweit es sich um verwesbare Stoffe handelt, die nicht gekocht sind. In gekochtem Zustand sind sie tot und verkleistern den Boden. Aber alles Rohe ist hervorragender Mulch, der mit Erde oder Stroh abgedeckt wird.

Sägemehl kann in kleinen Mengen verwendet werden, größere Mengen sollte man dagegen wegen des Gerbsäureanteils nicht nehmen. Falls viel Sägemehl anfällt, lieber erst kompostieren.

Herbstlaub ist bestes Mulchmaterial; weniger gut sind die schwer verrottbaren Nadeln der Koniferen. Sie haben einen zu hohen Gerbsäureanteil und können höchstens anderen Mulchstoffen beigemischt werden.

Holzasche ist - weil kalihaltig - ein guter Bodenverbesserer. Wenn sie allerdings allzu reichlich verwendet wird, verschmiert sie leicht.

Mulch kann eine ganze Reihe von Funktionen erfüllen. Richtig eingesetzt, verhindert er - wie oben angedeutet - auch das Hochkommen des „Unkrautes". Das Wort Unkraut benutze ich eigentlich nicht gern, darin kommt die ganze Überheblichkeit des Menschen seinen Mitgeschöpfen gegenüber zum Ausdruck. Ersetzen wir es also lieber durch „Wildkräuter", sprechen wir von „Wildpflanzen" im Gegensatz zu „Kulturpflanzen".

Soll der Mulch also all das bewerkstelligen, was wir von ihm erwarten, brauchen wir davon eine ganze Menge. Er soll uns ja immer zur Verfügung stehen, wollen wir doch nach Möglichkeit das ganze Jahr über unseren Boden bedecken. Da ich schon immer bestrebt war, meinen Garten zumindest in der Vegetationsperiode zu mulchen, wie uns die Natur dies ja überall vormacht, war ich meist den ganzen Sommer über auf der verzweifelten Suche nach geeigneten Materialien. Sie standen mir nie ausreichend zur Verfügung.

Die Vorzüge von Stroh

Nun habe ich für meinen Teil mit Stroh gefunden, wonach ich so lange Ausschau hielt. Man kann selbstverständlich alle Mulchmaterialien, die ich vorgestellt habe, verwenden. Ich mache das auch, doch ich finde Stroh am einfachsten in der Handhabung, zum einen als Ergänzung zu anderen Materialien, zum anderen als oberste Schicht. So bekommt der Garten ein einheitliches Äußeres. Jeder möchte ja schließlich, daß sein Garten zumindest einen einigermaßen „ordentlichen" Eindruck vermittelt.

Stroh ist leicht zu beschaffen, billig und fast überall zu haben. Die Bauern sind oft froh, wenn sie es loswerden und nicht unterzupflügen brauchen. Manchmal wird es sogar noch verbrannt, was wiederum unsere Umwelt belastet - also, führen wir es lieber einer sinnvollen Verwendung zu. Darüberhinaus ist Stroh schön sauber in der Anwendung. Hierzulande bekomme ich es in handlichen Bündeln geschnitten und gepreßt, etwa 60 Zentimeter hoch und ebenso breit. So bereitet der Hin- und Hertransport keinerlei Schwierigkeiten Leider gibt es immer noch zu wenige Bauern, die auch im Getreideanbau ohne Chemikalien arbeiten. Man möchte sich aber doch nicht gerne auf diese Weise Gifte in seinen Garten holen.

Aber Geduld! Da wird die Zeit sicher für uns arbeiten. Es werden immer mehr werden, die einsehen, daß wir von diesen schädlichen Praktiken abkommen müssen, wollen wir nicht unserer Erde Schäden zufügen, die nicht wieder gutzumachen sind.

Wir selbst können sehr viel dazu beitragen, daß es bald nur noch Ökobauern gibt - zum Wohle unserer eigenen Gesundheit und der unserer Mutter Erde. Fragen wir beim Einkauf stets nach biologisch angebauten Produkten, und man wird sich darauf einstellen, kein Zweifel. Wir sind uns unserer Macht, die Dinge auf diese Weise zu beeinflussen, nur noch nicht richtig bewußt.

Ich bin darauf bedacht, - wo immer es möglich ist - negative Einflüsse fernzuhalten, doch die panische Angst vor all den Viren, Strahlen, Giften und Bakterien, die heute so weit verbreitet ist, teile ich nicht, mit Ausnahme der durchaus berechtigten vor den Gefahren der Atomenergie.

Viren und Bakterien kann man unmöglich meiden, da es sie ja überall gibt, doch schädliche Strahlungen nehmen allmählich in bedrohlicher Weise zu. Ich bin mir aber ziemlich sicher, daß gesunde Menschen, die sich natürlich ernähren, besser dagegen gewappnet sind.

Durch eine gesunde, weitgehend naturbelassene Ernährung (ich selbst bin Anhängerin der *Vitalkost* nach *Jamila Peiter*) hat man so viele Abwehrkräfte in sich und ein solch intaktes Immunsystem, daß man sich aller Angriffe besser erwehren kann. Jedenfalls sehr viel leichter als Menschen, die die sogenannte „gutbürgerliche" Küche bevorzugen.

In der Getreidepflanze wird das Gift am allerwenigsten im Halm gespeichert, so wurde mir vor einiger Zeit erklärt. Doch das ist heute nur noch zum Teil richtig. Neuerdings findet nämlich im Getreideanbau vermehrt *Cycocel* (kurz: CCC) Verwendung. CCC ist ein Regler zur Halmverkürzung des Getreides, es wird über Wurzel und Blatt aufgenommen. Dieses Chemieprodukt manipuliert das Zellenwachstum des Getreidehalmes, der Halm wird verkürzt und der Halmdurchmesser vergrößert. So wird das Getreide standfester, und es können größere Stickstoffgaben (chemischer Dünger) verabreicht werden. Für den Landwirt bedeutet das mehr Ertrag. Das Gift aber lagert sich nun vermehrt auch im Halm ab.

Seitdem mir diese Praktik bekannt ist, freue ich mich umso mehr, daß ich einen Strohlieferanten gefunden habe, der mir gerne und in genügender Menge einwandfreies Material liefert.

Grundsätzlich kann jedes Stroh verwendet werden, das die eben genannten Kriterien erfüllt. Es gibt jedoch Unterschiede, auf die Sie achten können, falls Sie die Auswahl zwischen verschiedenen Stroharten haben. Da Stroh zwar kieselreich, aber stickstoffarm ist, kann es im Boden zu einer Stickstoffsperre kommen, die sich erst bei vollständiger Verrottung umkehrt.

Wenn man also stickstoffarmes Stroh verwendet und mangelhaftes Wachstum feststellt, kann man dies durch Gaben von Stickstoffdünger wie Rizinusschrot, Horndünger oder durch verjauchte grüne Pflanzenteile ausgleichen.

Haferstroh soll am schnellsten verrotten, außerdem weist es das beste Kohlenstoff/Stickstoff-Verhältnis auf (1:48).

Gerstenstroh soll in Bezug auf die Bodenverbesserung am wertvollsten sein. Auch sollen Schnecken mit Gerstenstroh gemulchte Beete meiden, da sie sich an den Spitzen der Ähren verletzen.

Weizenstroh hat sehr lange, starke Halme, die sich fest auf die Mulchfläche legen und wenig streuen. Es hat ein Kohlenstoff/Stickstoff-Verhältnis von 1:130. Doch ich habe die Erfahrung gemacht, daß Weizenstroh sehr langsam verrottet. Es dauert deshalb relativ lange, bis es eine erdige Farbe angenommen hat, wie dies bei den anderen Stroharten der Fall ist.

Ich persönlich finde seine schöne Gelbtönung im Blumengarten besonders wirkungsvoll, weil es dort meinem Empfinden nach die Farbenpracht der Blumen und des satten Grüns sehr vorteilhaft hervorhebt.

Einfach umwerfend in diesem Frühjahr in meinem Vorgarten: eine wunderschöne rotblühende Azalee auf dem warmen gelben Weizenstrohuntergrund.

Doch das ist natürlich Geschmacksache - auf das Mulchen im Ziergarten komme ich übrigens noch zurück.

Was, wann, wie mulchen?

Das **Was** ist leicht zu beantworten: (fast) **Alles!**

Das **Wann** ebenso: (fast) **Immer!**

Das **Wie** aber bedarf der Erläuterung, es ist unterschiedlich zu handhaben.

Wenn ich die Frage nach dem *Was* mit der Einschränkung *fast* versehe, so bezieht sich das lediglich auf den Ziergarten. Der Nutzgarten kann wirklich komplett gemulcht werden.

Die vielen Besucher, die kommen, um sich meinen Mulchgarten anzusehen - er ist jeden Mittwoch von Sonnenauf- bis Sonnenuntergang zu besichtigen, und auch Sie sind herzlich willkommen - sind vom Gemüsegarten und der offensichtlichen Arbeitserleichterung begeistert, beim Stroh im Blumenbeet allerdings sind die Meinungen geteilt. Das ästhetische Gefühl gibt sich leicht beleidigt, der Anblick ist einfach zu ungewohnt.

Angefangen hat es damit, daß ich im Ziergarten lediglich unter die Büsche Stroh legte, dort, wo sich Wildkräuter breitgemacht hatten, ebenso auf kahle Flächen, wo die angepflanzten Bodenbedecker noch nicht ganz hingelangt waren.

Denjenigen unter Ihnen, die sich auch die Arbeit im Blumengarten erleichtern wollen, vor allem aber auch denen, die ihn vor Frostschäden schützen wollen, wie sie ja in fast jedem Winter zu befürchten sind, möchte ich einen Vorschlag weitergeben, der mich aus der Schweiz erreicht. Damit wird man sicher auch dem gepflegtesten Hobbygarten gerecht: Man menge gehäkseltes Stroh mit guter Erde, lasse es einige Zeit anrotten, bis es eine erdige Farbe angenommen hat. Nun ist das Gemisch fertig für Ihre bunte Pracht. Alle abgestorbenen Pflanzenteile, Blätter, Blüten usw. lassen sich gut darunter verstecken und müssen nicht mühsam auf den Komposthaufen gebracht werden. So wird auch dem kritischsten und schönheitsdurstigsten Auge vollauf Genüge getan.

Ich habe mich inzwischen so an den Anblick von Stroh unter den Blumen gewöhnt, daß ich es auch dort keinesfalls als störend empfinde. Die Farben und das satte Grün heben sich vorteilhaft ab, das Jäten kann man weitgehend sparen. Aber das ist natürlich Ansichts- und Gewohnheitssache.

Das *Wann* beantworte ich auch mit der kleinen Einschränkung *fast* immer.

Zeitig im Jahr, bei den ersten wärmenden Sonnenstrahlen, ist es ratsam, auf den zur Frühjahrsbestellung vorgesehenen Beeten das Stroh beiseite zu räumen, damit die Erde darunter abtrocknen und sich genügend erwärmen kann. Dies ist vor allem bei schweren und nassen Böden angezeigt und sollte zumindest solange praktiziert werden, bis sich die Bodenstruktur durch die *Mulch-total-Methode* wesentlich gebessert hat. Bei reinen Lehm- oder Tonböden kann dieser Prozeß unter Umständen mehrere Jahre dauern.

Wenn die Erde sich genügend erwärmt hat, ziehe ich meine Furchen und lege die Samen hinein. Sobald er aufgegangen ist und der Stengel des jungen Pflänzchens groß und fest genug ist, hülle ich ihn bis dicht an den Stengel wieder mit

Mulch ein, um den Wildkräutern nicht die Chance zu geben, sich auszubreiten. Sie sind in dem den Winter über gemulchten Boden ohnehin kaum vorhanden.

Zeigt sich während der Wachstumsperiode irgendwo etwas Unerwünschtes, wird einfach Stroh darübergeworfen. Außerdem macht es keinerlei Mühe, einzelne Kräuter mit der Hand herauszuziehen. In dem feuchten Boden lassen sie sich samt Wurzel leicht entfernen. Im Herbst aber,- nach der Ernte - bleibt alles stehen, bis es von selbst abstirbt. Lange, harte Stengel kann man niederbeugen und festtreten, dann kommt Stroh darüber. Wenn die oberste Schicht einheitlich mit Stroh gemulcht ist, bietet der Garten während des Winters durchaus einen ästhetischen und aufgeräumten Anblick.

Mit meinen Küchenabfällen verfahre ich das ganze Jahr über folgendermaßen: ich verteile sie täglich auf die Beete und bedecke sie mit Stroh, das mühsame Kompostieren, das beim biologischen Gärtnern doch ziemlich Arbeit macht, entfällt schlicht und einfach! Ein weiterer unschätzbarer Vorteil der *Mulch-total Methode*.

Auch die Wege, die zu säubern mir immer eine der mühsamsten und unangenehmsten - weil unproduktivsten - Arbeiten war, werden mit einbezogen. Sind sie sehr „grün", lege ich erst eine Schicht Pappe (ohne Farbzusätze), wie man sie in jedem Supermarkt massenweise haben kann, darunter. Wenn es ganz schlimm ist, kann man sogar eine Schicht Zeitungspapier darunterbreiten, dann folgt Pappe und zuletzt Stroh. Hier genügt eine dünne Lage Stroh. Achtung: wenn der Boden sehr trocken ist, feuchtet man die Unterlage besser zuerst an, sonst besteht die Gefahr, daß man darauf ausrutscht.

Selbst meine Ziegel- und Natursteinwege habe ich auf diese Weise „entschärft". Es grünte und wuchs so lustig durch alle Ritzen hindurch, und ich kam mit dem Saubermachen nie nach.

Wenn Sie Ihre Gartenwege mulchen wollen, aufgepaßt: nicht vergessen, alles mit Stäbchen zu markieren, sonst finden Sie sich in Ihrem eigenen Garten nicht mehr zurecht und brauchen noch einen Kompaß!

Auch die Ränder rund um mein Gemüseland erhalten eine derartige Mulchschicht. Nun gleicht mein Garten einer Festung. Da mögen sich die eindringenden Wurzeln erst einmal durchbeißen! Das wird gewiß Jahre dauern. Und auch herumfliegender Samen hat auf der Pappe erst einmal keine Chance.

Wieviel Zeit ich allein durch diese Maßnahmen gewonnen habe!

Zeit, die ich auf meinem Sofa verbringen kann, oder um Ihnen von meinen Mulcherfolgen zu erzählen.

Nun bleibt noch die Frage nach dem *Wie* zu beantworten. Hier geht es vor allen Dingen darum, wie *hoch* die Mulchdecke gelegt werden soll.

Falls Sie einen Garten neu anlegen möchten und ein Stück Wiese oder ähnliches dafür vorgesehen haben, dann brauchen Sie natürlich eine ganze Menge Stroh. Und vor allem Zeit, bis ein brauchbares Ergebnis erzielt werden kann. In so einem Falle würde ich es doch vorziehen, ganz besonders, wenn es sich um schweren, dichten Boden handelt, noch ein letztes Mal zum Spaten zu greifen. Danach können sie ihn getrost in den Second-hand-shop geben, zusammen mit Ihren übrigen arbeitslos gewordenen Gartenwerkzeugen. Falls Sie gar nicht wissen sollten, wie Sie Ihre gewonnene Freizeit nutzbringend ausfüllen können, richten Sie doch ein Museum für ausgediente Gartengeräte ein, damit die nachfolgenden Generationen auch noch sehen können, wie vorsintflutlich ihre Vorfahren bis in die neunziger Jahre des 20. Jahrhunderts hinein ihre Gärten beackert haben...

Es gibt aber noch einen einfacheren Weg, ganz schnell aus einem Stück Wiese einen fruchtbringenden Garten zu machen. Experimente von *Bill Mollison*, dem Begründer der *Permakultur* haben dies gezeigt Er spricht in diesem Zusammenhang von *Flächenmulch*: auf das zu kultivierende Stück Wiese wird eine dünne Schicht stickstoffhaltiger Substanzen ausgebreitet (z.B. Hühnermist, Hornblutknochenmehl) Gras und Unkraut bleiben stehen, anschließend wird das Land mit allerlei organischem Material (Säcke, Zeitungen, Pappe, auch alte Kleider) dicht bedeckt. Über dieser Bodendeckung werden andere Mulchmaterialien wie Laub, Stroh und Hobelspäne ausgebreitet, damit das Ganze auch ordentlich aussieht.

Der amerikanische Wirtschaftswissenschaftler und Hobbygärtner *Richard C. Clemence* hat Kartoffeln direkt auf einen hoch und dicht bewachsenen Boden gelegt, so daß sie darunter fast verschwanden. Das Gras knickte er über den Kartoffeln um, breitete etwa 20 Zentimeter Stroh darüber aus und überließ das Ganze sich selbst. Seinen Angaben zufolge hat er damit beste Resultate erzielt.

Auch mit Tomaten, Gurken usw. hat er experimentiert. Über meine eigenen Vesuche in dieser Richtung werde ich noch berichten.

Mit Heu, ich erwähnte es schon, habe ich bis jetzt in bezug auf Humusbildung die besten Erfahrungen gemacht. Jedenfalls gedieh darunter alles sehr gut. Aber so ganz genau weiß man im Gartenbau ja nie, woran es letztendlich gelegen hat, wenn wir gute Resultate erzielen. Zuviele Faktoren spielen eine Rolle dabei, jeder Gartenliebhaber weiß das. War vielleicht nur die Witterung besonders günstig? Oder lag es an dem besonders wertvollen Saatgut, daß mein Rosenkohl so gesunde, feste Röslein bildete. Und warum brachte er ein andermal gar keine hervor? Bekam er diesmal im richtigen Augenblick seinen Brennesselguß? War der Pflanz- oder Saattermin richtig gewählt, darauf legen ja viele Gartenexperten großen Wert? Habe ich mich zu wenig mit meinen Pflänzchen beschäftigt, ihnen kaum Zuwendung gezeigt und zu wenig mit ihnen gesprochen? Hat den Pflänzchen vielleicht ihr Standort nicht behagt, und sie standen auf dem verkehrten Platz?

Bei der Bekämpfung von Krankheiten ist es ähnlich, will mir scheinen. Da weiß man oft nicht zu sagen, welche der angewandten Maßnahmen zum Erfolg führte. War es vielleicht das Zusammenwirken aller?

In meinem Garten wissen es wahrscheinlich nur die Tomaten oder die Mohrrüben selber, warum sie in einem Jahr so ein kümmerliches Dasein fristeten, während sie einen Sommer später so überaus prächtig gediehen. Und da sie mir ihre Sprache bis jetzt noch nicht verständlich gemacht haben, muß ich weiterrätseln.

Eines habe ich in meiner langjährigen, nie endenden Gartenlernzeit beobachtet: es war mir immer, als ob eine gütige Mutter Natur auch hierbei stets um Ausgleich bemüht gewesen wäre. In einem Sommer beispielsweise, als alle Leute ringsherum über die schlechte Möhrenernte klagten - auch ich - gediehen dafür meine Steckrüben zu ungeahnter Größe und Güte. Ich konnte bis Ende April hinuntergehen und frisch aus der Erde ernten. Mit Stroh bedeckt, was sonst? Die Steckrüben waren knackig und saftig!

„Igittigitt, Steckrüben!", höre ich viele meiner Leser entsetzt ausrufen. Vor allem ältere, die sich noch schaudernd an die „Steckrübenwinter" der Kriegs- und Nachkriegszeit erinnern können. Steck- oder Kohlrüben, in Bayern auch „Wruggen" genannt, waren damals oft wirklich Hauptnahrungsmittel und vor allem die einzige Vitaminquelle. Ich erinnere mich deutlich daran, wie wir z.B. auf Bahn- oder Busfahrten ganz selbstverständlich unsere Steckrübenschnitzel aus der Tasche holten und daran herumknabberten. Der heutigen Generation stehen dafür die raffiniertesten, aber meist gesundheitsschädlichen Leckereien zur Verfügung.

Es ist bestimmt nicht so abwegig, zu denken, daß die damalige relative Gesundheit der Bevölkerung, die z.B. Herz- und Kreislaufkrankheiten kaum kannte, auch auf diese spartanische Ernährung zurückzuführen ist.

Natürlich wollen wir so eine Zeit nie wieder erleben, aber bitte, werfen Sie einmal all Ihre Vorurteile über Bord und folgen Sie mir in meine Küche. Ich gebe ja zu, so frisch aus der Erde schmecken mir die Steckrüben nicht so gut wie dies Mohrrüben z.B. tun, dazu ist ihr Geschmack zu streng. Ich raspele meine Rüben grob, reichere sie mit einer Sauce an aus Avocado, ein wenig Zitronensaft und einigen Tropfen kaltgeschlagenem Lein- oder Olivenöl und eventuell noch mit ein paar Kokosraspeln. Ich mache jede Wette, dieses Gericht würde auch der verwöhntesten Zunge schmeicheln!

Viele andere Gemüse ernte ich dank des Strohs bis in den April hinein: Rote Bete, Möhren, Topinambur, Pastinaken und Lauch stehen mir zur Verfügung. Die drei letztgenannten haben aber mit dem Mulchen nichts zu tun, sie können auch ohne dieses Hilfsmittel den Winter über gut draußen bleiben, allerdings halten sie sich unter dem Stroh wesentlich saftiger und frischer. Zwecks Vergleich im Keller in feuchtem Sand gelagerte Gemüse sind alle längst vertrocknet bzw. verfault.

Zusammen mit den ersten Spargeln ist mein Tisch also um diese, für die Frischversorgung stets etwas problematische Zeit bestens und auch abwechslungsreich gedeckt.

Außerdem stehen mir schon jede Menge von Gewürzkräutern zur Verfügung: Zitronenmelisse, Schnittlauch, das Grün der im Herbst gelegten Zwiebeln, Petersilie, Kresse, Majoran und viele andere mehr.

Die wichtigsten Ratschläge und Tips möchte ich gerne noch einmal kurz zusammenfassen:

Im Prinzip kann alles im Garten das ganze Jahr über gemulcht werden. Die Höhe der Mulchdecke richtet sich ganz nach ihrem Zweck und ihrer Bestimmung. Als einfache Bedeckung reicht eine Schicht von etwa 10 Zentimeter aus. Bei starkem Wildkrautbewuchs wird sie - je nach Bedarf - erhöht. Als Schutz bei starkem, anhaltendem Frost ist es nötig, ganze Bündel aufzulegen, ebenso wenn der Garten neu angelegt werden soll, d.h. wenn Sie Neuland, Wiesen mit starkem Bewuchs etc. mit Hilfe der Mulch-total-Methode urbar machen wollen.

Treue Helfer

Es gibt eine ganze Menge von ihnen, den treuen Helfern, leider auch ebenso viele und ebenso treue Schädlinge. Hätten wir die Natur nicht so heillos durcheinander gebracht, würden die Helfer die Schädlinge selbst weitgehend in Schach halten. So aber müssen wir das tun und nach geeigneten Mitteln und Wegen suchen, wenn wir unsere Gärten nutzen wollen. Ob Mulch oder nicht, dieses Problem stellt sich immer. Es brauchte in diesem Buche also gar nicht besonders behandelt zu werden. Da aber eine ganzjährige Bodenbedeckung doch einiges verändert, möchte ich etwas näher darauf eingehen.

Der Regenwurm

Wer ehrt den Regenwurm,
den Ackersmann tief unter dem Gras im Erdreich.
Er hält den Boden in Verwandlung.
Er arbeitet, ganz mit Erde gefüllt,
stumm von Erde und blind.

Er ist der niedere, der untere Bauer
dort, wo die Äcker zur Ernte gekleidet werden.
Wer ehrt ihn
den tiefen, den ruhigen Ackersmann,
den ewigen, grauen, kleinen Bauern im Erdreich.
Harry Martinson

Regenwürmer sind unsere eifrigsten und wichtigsten Helfer, darin sind sich alle Verfasser von Gartenbüchern einig, und auch ich singe ihr Lob in den höchsten Tönen. Mikroben und Regenwürmer leben ausschließlich von den organischen Stoffen, die auf den Boden aufgebracht werden oder von selbst dorthin gelangen. Wenn Sie in Zukunft dieses Bodenleben nicht mehr durch Umgraben, Hacken und sonstige gewaltsame Eingriffe zerstören, werden sich unter der Mulchschicht ganz viele dieser fleißigen „Arbeiter" finden. Sie wandeln den Boden ohne jeden Arbeitslohn in feinste, humusreiche, duftende Erde um, auch den schwersten, festesten, fettesten Lehm- oder Tonboden. Wir müssen nur etwas Geduld haben; bei leichten Sandböden geht es natürlich bedeutend schneller.

Die ganze fruchtbare Erdoberfläche ist durch die Eingeweide der Regenwürmer hindurchgegangen. Ohne sie gäbe es keine Bodenkrume und damit keine menschliche Ernährung. Kunstdünger, von denen einige für den Regenwurm tödlich sind, erschöpfen auf die Dauer den Humusgehalt der Erde. Deshalb ist es auch so außerordentlich wichtig, durch Gaben von organischen Abfällen und Mulch dem Raubbau an unseren Böden entgegenzuwirken.

Ich frage mich, wie jemand auf die Idee verfallen konnte, Regenwürmer zu züchten und sie zu verkaufen. Aber es scheint ja Abnehmer dafür zu geben. Diese könnten sich doch viel besser der einfachen Mulchmethode bedienen, denn sie schafft die idealen Bedingungen zur Regenwurmvermehrung. Die Käufer von Regenwürmern wissen es wahrscheinlich noch nicht besser!

Immer rätsele ich auch daran herum, warum solche einfachen und zündenden Ideen jahrzehntelang ignoriert werden und sich so schwer durchsetzen können. Ist der Trägheitsmoment so groß? Oder ist die Überzeugung so unerschütterlich, daß es sich nicht lohnt, irgendetwas zu hinterfragen, was über die Jahrhunderte hinweg immer so und nicht anders gemacht wurde, daß es sich nicht lohnt, zu fragen, ob es nicht vielleicht doch einen besseren und einfacheren Weg gibt.

„Zieht Strohmulch nicht vermehrt Ungeziefer an", werde ich unentwegt gefragt. Die Frage ist sicherlich berechtigt, doch ich hatte jede Menge Ungeziefer, *bevor* ich ganzjährig mulchte!

„Ungeziefer", was ist das überhaupt? Auch wieder so ein „Unwort", vom Menschen erdacht, um seine Mitgeschöpfe einzuteilen in solche, die für ihn von Wert sind und solche, die von Un-wert zu sein scheinen.

Beschäftigen wir uns also erst einmal mit dem „Geziefer", das es ja im Unterschied zu „Ungeziefer" auch geben muß.

Da sind im Garten natürlich - neben den Regenwürmern - als erstes die **Vögel** immer willkommene Gäste. Doch schon bei den Amseln komme ich ins Schleudern. Zu welcher Kategorie soll ich sie zählen? Wenn sie mir die Schädlinge wegfressen, sicher doch zu den Nützlingen. Aber wie ist es mit den Würmern, die sie mir mit Vorliebe aus dem Boden picken? Oder dem Samen, den sie aus der Erde futtern?

Es ist gar nicht so einfach, da eine Grenze zu ziehen. Den ganzen Winter füttere ich sie getreulich, und den ganzen Sommer über habe ich meine liebe Not mit ihnen. Im Mai führe ich einen erbitterten Kampf mit diesen rabenschwarzen Gesellen. Mein Bemühen, dem Garten ein einigermaßen gepflegtes Äußeres zu geben, machen sie mir stets zunichte. Besonders an den „Schautagen", wenn ich Besucher erwarte, soll mein Garten doch einladend aussehen. Ich fege also die Wege - soweit sie nicht gemulcht sind - fein säuberlich, aber sobald ich mich auch nur für einen kurzen Augenblick entferne, fällt die Amselschar darüber her und scharrt das ganze Stroh wieder darauf, um an die fetten Würmer unter dem Mulch zu gelangen. Sie sind schlimmer als eine Schar Hühner! Diese könnte ich wenigstens einsperren, aber *meine* gefiederten Freunde schwingen sich auf den First meines Gartenhäuschens, um mir ihr Spottlied in die Ohren zu schmettern. Inzwischen weiß ich genau, woher der Name „Spottdrossel" stammt!

Wenden wir uns lieber dem **Igel** zu. Ich schichte mehrere Reisighaufen auf, besonders vor schneckengefährdeten Kulturen. Darin siedeln sich die possierlichen Stacheltiere auch gerne an, **Blindschleichen** übrigens unter hingelegten alten Brettern. Auch sie haben Schnecken, wohl mit unsere lästigsten Gäste im Garten, auf ihrem Speisezettel.

Mit der Zeit verrotten die Haufen und die Bretter und werden so dem natürlichen Kreislauf wieder zugeführt. Und ich brauche kein Feuer zu entfachen, was einmal wöchentlich zu tun hier im Weserbergland leider immer noch erlaubt ist und auch eifrig praktiziert wird.

Alte Bretter übrigens, die ich im Gartenbau sehr häufig und vielfältig einsetze, kann man bei jedem Hausabbruch, aber auch in Sägewerken und Holzgroßhandlungen kostenlos bekommen. Ich hoffe, daß ich mit meinen Anregungen viele zum Nachahmen animiere, so daß sich unsere überquellenden Müllhalden bald etwas reduzieren werden.

Ohrwürmer - auch sie nützliche Tiere - bekommen umgestülpte, mit Holzwolle gefüllte Blumentöpfe als Behausung angeboten (auf die Erde gelegt und an Baumstämme gebunden), die sie gerne annehmen.

Die **Meisen** und andere Singvögel, die uns im Kampf gegen Blattläuse & Co. so trefflich unterstützen, haben ihre Nistkästen und Höhlen, die auch fleißig frequentiert werden. Auf die Blattläuse komme ich übrigens später noch zurück.

Auch **Marienkäfer** sind fleißige Helfer. In einem Biogarten, in dem nicht mit Gift hantiert wird, gibt es jede Menge von diesen niedlichen kleinen Tierchen. Ihre Larven sind ganz wild auf Blattläuse, eine einzige verspeist bis zu 150 Schadläuse am Tag. Bis die kleinen Käferchen schlüpfen, sind an die 600 bis 700 dieser Pflanzenschädlinge durch ihren Magen gewandert. Und kennen Sie auch die Lieblingsspeise der fertigen Käfer? Richtig, Blattläuse!!

Zu **Bienen** und **Hummeln**, unseren immer gern gesehenen Gästen, besonders im Obstgarten, erübrigt sich wohl der Rat, sie zu pflegen und zu schützen, wo immer es nur geht (z.B. durch den Verzicht auf Pestizide etc.).

Ohne sie würden uns unsere Beeren- und Obstgehölze nicht jedes Jahr wieder ihren reichen Segen bescheren. Glücklich kann sich schätzen, in dessen Nachbarschaft ein Imker mit seinem summenden Völkchen haust.

Summe, Hummel, deinen Reim!
Wo du summst, bin ich daheim.
Veilchenbeet und Beerenstrauch,
Ahornsaft, Narzissen auch,
Gräserfahnen voller Tau,
Wegwart wie der Himmel blau,
Akelei mit Honighorn,
Natternzungen, Schlehendorn,
Farn und Klee und Nelkenbrand,
Steinwurz an des Ackers Rand:
Dicht und bunt und unentstellt,
malt sich füllig deine Welt!
Ralph Waldo Emerson

...und treue Schädlinge

Um es gleich vorweg zu sagen: ein Garten ganz ohne Schädlinge wäre etwas völlig Unnatürliches. Er wäre für uns Menschen vielleicht ein Paradies, aber das sollen wir uns ja seit Evas Zeiten verscherzt haben - oder waren es Adams Zeiten? Wir müssen uns also bemühen, die Schädlinge in Grenzen zu halten.

Der Mensch ist zwar ohne weiteres imstande, sich dank modernster Atom- und anderer Waffen mit einem Schlage selbst auszurotten, aber im Kampf gegen ein paar Winzlinge haben sich diese über die Jahrtausende hinweg stets als die Klügeren erwiesen; trotz DDT und anderer Hinterhältigkeiten.

Da dieses Problem also ein ungelöstes ist, möchte ich ihm hier etwas mehr Raum geben.

Mich erreichen immer wieder Warnungen wegen der in einem Mulchgarten angeblich erhöhten Schnecken- und Wühlmausgefahr. Ich nehme beides ernst - die Gefahr und die Warnungen!

Zunächst denke ich an all die gewonnene Zeit, die mir die *Mulch-total-Methode* in Zukunft noch bescheren wird und die ich dann für pflegerische Maßnahmen nutzen kann. Damit kann man die Dinge bestimmt in den Griff bekommen, so sie überhaupt auftreten!

Bis jetzt konnte ich noch keinerlei Anzeichen für vermehrten Schneckenbefall oder für eine Wühlmausplage in meinem Mulchgarten feststellen und das, obwohl wir in den letzten Jahren extrem milde Winter und auch außerordentlich lange Nässeperioden hatten. Beides behagt sowohl den Schnecken als auch den Wühlmäusen sehr.

Etwas kritisch kann vielleicht die Zeit der Umstellung sein, bis der Boden eine solch gesunde Beschaffenheit angenommen hat, daß die Pflanzen sich vieler Schädlinge selbst erwehren können, bis sozusagen das Immunsystem des Gartens so intakt geworden ist wie bei einem gesunden Menschen. Es gibt auch Jahre, in denen die eine oder andere Schädlingsart - oft aus unerfindlichen Gründen massenhaft auftritt, wir müssen uns also schon um Abhilfe bemühen.

Es heißt, daß Schnecken Stroh nicht mögen und sauren Boden bevorzugen. Ich habe, wie gesagt, auch noch keinerlei vermehrten Angriff auf meine Beete beobachten können. Im Frühjahr waren einige Mohrrüben zerfressen, die draußen unter dem Stroh überwintert hatten, auch die Rettiche waren angenagt. Als bewährtes Mittel gegen die - zugegeben - sehr lästigen Tierchen sollen sich flache mit Bier gefüllte Schalen erwiesen haben. Doch dies ist mir zu aufwendig, nach jedem Regenguß muß man die Schalen neu auffüllen. Ich habe immer schon - mit bestem Erfolg - mit alten Brettern gearbeitet, die ich um die heimgesuchten Beete lege. Die Schnecken sammeln sich darunter, nach Regen oft in großer Zahl, und man kann sie bequem einsammeln. Doch dann kommt die Frage: Was tun damit? Als überzeugte Vegetarierin, der das Töten von Lebewesen ein Greuel ist, habe ich immer ein schlechtes Gewissen, wenn ich sie tottreten muß. Obwohl das noch die ehrlichste Art zu sein scheint, sie zu vernichten.

Man könnte sie auch sammeln und in den Wald tragen, aber dann müßte ich in regenreichen Sommern nur mit meinem Schneckeneimer unterwegs sein. Außerdem finde ich das verzweifelte Bemühen der Tiere, wieder in Freiheit zu gelangen, viel grausamer als z.B. das blitzschnelle Töten mit kochendem Wasser. Mit diesem Sud kann man dann die gefährdeten Kulturen begießen und so ihre Artgenossen fernhalten. Darum werde ich mich in Zukunft noch stärker bemühen, das göttliche Gebot „Du sollst nicht töten" nicht allzu oft zu übertreten.

Die Brettermethode praktiziere ich schon sehr lange und habe sie auch vielen Gartenfreunden weiterempfohlen. Aber - wie das so ist mit solchen Ratschlägen - außer bei mir habe ich sie noch kaum angewandt gesehen.

Ebenso verhält es sich mit dem Tip, die Jungpflanzen in ein „Minigewächshaus" zu stecken. Und das geht so: von großen Kunststoffflaschen (Mineralwässer etc.) schneide ich die Böden und die Hälse ab und stülpe den verbleibenden Rest über die gefährdeten Pflänzchen, über Salat, Kohl, Kohlrabi u.a.m. Einige Zentimeter in die Erde gedreht, schützen die Flaschen nicht nur vor den Schnecken und vor Vogelfraß, sondern auch vor der Kälte und den Nachtfrösten, die eventuell noch sehr spät im Frühjahr kommen mögen. Außerdem werden die wärmenden Sonnenstrahlen verstärkt und notwenige Düngegüsse kann man ganz gezielt anbringen. Allerdings-, lange wird es diese Kunststoffbehälter nicht mehr geben, sie werden in Zukunft durch Glasflaschen ersetzt. So sehr sich mein Umweltbewußtsein über diese Nachricht gefreut hat, meine „Gärtnerseele" hat das doch etwas bedauert. Decken Sie sich also rasch damit ein, wenn Sie meinen Tip ausprobieren wollen.

Aber ach! Bei all diesen guten Ratschlägen habe ich oft das Gefühl, man erwartet von mir nicht nur die Tips, sondern auch, daß ich komme und sie dort in den anderen Gärten auch gleich zur Anwendung bringe...!

Wenn sich mein Mulchgarten in Lauf der Jahre - wider jedes Erwarten - doch als „flop" herausstellen sollte und ich dann den Gartenbau ganz aufgeben muß, weil ich ihn auf die herkömmliche Art nicht mehr bewältigen kann, empfehle ich mich als Ihre Gartenbetreuerin mit ausgefallenen, aber hochwirksamen Ideen! Schrauben Sie Ihre Hoffnungen aber nicht allzu hoch, ich glaube kaum, daß es mir so ergehen wird.

Es gibt noch viele Rezepte gegen Schneckenbefall, z.B. das mit dem Kaffeesatz, den man um die Kulturen streut, was sehr wirksam sein soll. Hier alles aufzuzählen, was ich an Schneckenbekämpfungstips in meinem Leben gehört habe, würde wahrhaftig zu weit führen.

Was ich Ihnen aber nicht vorenthalten möchte, sind die Erfahrungen von Frau *Rose Willner* aus dem süddeutschen Ketsch bei Schwetzingen. Sie besitzt dort einen Garten für Kräuter, Duftpelargonien und ausgefallene Gemüsesorten, den sie zum Teil auch gewerbsmäßig mit der *Mulch-total-Methode* sehr erfolgreich bewirtschaftet. Gerade aus dem süddeutschen Raum höre ich immer wieder, daß sich dort die Schneckenplage wirklich zu einem besorgniserregenden Problem ausgewachsen hat. Manche Mulchfreunde haben diese Methode sogar wieder aufgegeben, weil sie keine andere Möglichkeit sahen, die Dinge zu steuern. Sicher haben sie die Flinte zu schnell ins - nein, nicht ins Korn, ins - *Stroh* geworfen bzw. das Kind mit dem Bade ausgeschüttet, so denke ich.

Rose Willner meint: „Gesunde, kräftige Pflanzen sind nicht anfällig. Ist das biologische Gleichgewicht einmal hergestellt, hält es sich von alleine. Auch mit Schnecken habe ich keine großen Probleme. Ich lege bei jeder Neuanpflanzung einige Bananenschalen auf die Beete. Die werden den Setzlingen vorgezogen - man kann die Schnecken dann mitsamt den Schalen einsammeln.

Nachdem ich meinen Garten schon fast 20 Jahre lang biologisch bearbeite und - wie gesagt - bisher keine Probleme hatte, haben mir allerdings die drei letzten, regenreichen Jahre einige Schnecken beschert. Jedoch nie solche Schneckeninvasionen, von denen mir Kunden aus dem Schwarzwald berichteten. An manchen Abenden hätten sie bis zu 800 (!) Stück eingesammelt. Das heißt vielmehr, sie haben sie wegen der Menge gar nicht einsammeln können, sondern mit der Schere durchgeschnitten.

Abgesehen davon, daß das bestimmt eine eklige Angelegenheit ist, lockt das anscheinend noch mehr Artgenossen an, die dann die anderen auffressen.

Nun, dieser Garten war *nicht* gemulcht worden, weil das angeblich die Schnecken vermehrt...!

Ich habe im einem Frühjahr mit zwei Beeten experimentiert und zwar Ende April, also auch noch etwas in der Regenzeit. Das eine Beet wurde mit Kohlrabipflanzen, der Lieblingsspeise der Schnecken, bestellt. In das Beet nebenan habe ich Bohnen gesteckt. Anschließend wurde das Beet mit den Kohlrabi dick mit Stroh gemulcht, das Bohnenbeet blieb ungemulcht.

Das ungemulchte Beet wurde derart von Schnecken heimgesucht, daß auch das Ablesen nichts mehr half. Die Bohnen kamen einfach nicht hoch. Auf dem anderen Beet mit den Kohlrabipflanzen war zwar vereinzelt auch eine Schnecke zu finden, aber nachdem ich konsequent jeden Abend mit der Taschenlampe auf die Jagd ging, war der Schneckenspuk bald zu Ende.

Ganz stimmt es also nicht, daß es mit dem Mulchen keine Schnecken gibt. Aber der vorletzte Regensommer hat zu einer unnormal großen Schneckenpopulation geführt.

Hinzu kommt, daß die große braune Nacktschnecke, die der roten Waldschnecke sehr ähnlich sieht, anscheinend ein eingeschleppter Bastard ist, den sogar Igel und Kröten meiden. Ohne Feinde und mit viel Regen konnte sich dieser Schädling dann hemmungslos vermehren.

Hier hilft nur, konsequent abzusammeln, die Schnecken dann entweder zu verjauchen und wieder auf die Beete aufzubringen oder aber sie zu verbrennen und in homöopathischer Potenz auf die Beete zu spritzen. Das soll das biologische Gleichgewicht wieder herstellen.

Ich selbst habe allerdings keine Erfahrung darin, da Schnecken bei mir kein großes Problem sind. Und ein Garten ganz ohne Schädlinge, das ist ja auch nicht naturgegeben.

Abraten kann ich davon, auf Gemüsebeeten mit frischem Gras zu mulchen. Ich habe festgestellt, daß der frische Rasenschnitt in den ersten zwei Tagen anscheinend Duftstoffe ausströmt, die die Schnecken mögen. Nach drei Tagen ist diese Wirkung jedoch vorbei."

Vielen Dank, liebe Frau Willner, für all die guten Tips - aus der Praxis für die Praxis!

Spaßeshalber möchte ich noch einen Vorschlag weitergeben, den ich dem „Großen Biologischen Gartenbuch" von *Gunter Steinbach* entnommen habe. Er hat das Schneckenproblem ein für allemal gelöst, indem er sich Enten zulegte. Die Folge war, daß er dann seine Salatsetzlinge etc. vor den „Nützlingen" Enten schützten mußte (und sich selbst vielleicht vor den Klagen erboster Nachbarn, die sich durch das Geschnatter gestört fühlten...).

Als letzte und sicherste Abwehr bliebe dann noch die Möglichkeit, den gesamten Gemüsegarten mit Schneckenzaun zu versehen. Sollte ich wirklich einmal Kummer in dieser Richtung haben und sollten meine bisherigen Methoden tatsächlich nicht ausreichen, werde ich es mit einem solchen Schneckenzaun versuchen.

Sicher ist das etwas aufwendig, wenn ich aber - hoffentlich bald - meine Gartenfläche wegen der Segnungen der *Mulch-total-Methode* verkleinern kann und durch den Wegfall von Düngemittel etc. viel Geld spare, kann ich mir das ja gut leisten. Von meiner Mulchpraxis würde ich wegen der Schnecken aber nicht abrücken!

Vielleicht zeigt aber noch eine andere von mir praktizierte Methode eines Tages Wirkung: bei meinen Schneckensammelaktionen vergesse ich nie, eine besonders clever aussehende Schnecke mit dem Auftrag „entkriechen" zu lassen, zu ihren Artgenosen zu eilen - soweit das im „Schneckentempo" möglich ist - und dort bekannt zu machen, daß ich gerne einen Friedensvertrag mit ihnen abschließen würde: „Schont Ihr mein Gemüseland, bleibt ihr überall sonst von mir unangetastet."

Im Zeitalter von Abrüstung und Perestroika, wo selbst den Menschenkindern zu dämmern scheint, daß man Streitigkeiten mit besseren Mitteln als mit der Axt des Steinzeitmenschen aus der Welt schaffen kann, ist ja so etwas vielleicht auch zwischen Mensch und Tier möglich.

Bleibt nur zu hoffen, daß die von mir entsandte „Botschafterin des guten Willens" wenigstens meine Sprache versteht, da ich zu dumm bin, die ihre zu erlernen.

Eines noch: es wäre absolut falsch, die Schnecken, die ihr Häuschen so dekorativ auf dem Rücken tragen, im Garten zu bekämpfen. Sie zählen nicht zu den Schädlingen, im Gegenteil, sie unterstützen uns sogar in unserem Kampf gegen die Nacktschnecken. Ausschließlich diese sind es, die sich an unserem Salat, an Kohlrabi, Gurken und so weiter gütlich tun.

Da schließe ich mich *Friedrich Rückert* an, der in seinem Gedicht „Frau Schnecke" sagt:

Frau Schneck, ich bitt'
Um Verzeihung,
Daß meines Stiefels harter Tritt
Gereicht deinem Haus zur Entzweiung!

Möge, daß wir uns ohne Verdruß
Begegnen im nächsten Leben,
Gott mir einen linderen Fuß
Und ein festeres Haus dir geben.

Nun hat das Thema Schnecken ganz ohne meine ursprüngliche Absicht doch einen breiten Raum eingenommen. Aber, in Gesprächen mit den Besuchern meines Schaugartens merke ich immer wieder, daß die Angst vor einer Schneckeninvasion viele Menschen davon abhält, sich der offensichtlichen Vorteile der *Mulch-total-Methode* zu bedienen. Natürlich spielt auch eine allgemeine, verständliche Scheu vor Neuem und Unbekanntem eine Rolle, aber die Schnecken scheinen mir doch am häufigsten als Hemmschuh zu wirken. Ich hoffe, es ist mir gelungen, ihn beiseite zu räumen.

Mit den **Wühlmäusen**, meinen größten Widersachern, muß ich mich wohl auch ein wenig näher befassen.

Bis wir vor etlichen Jahren hierher ins Weserbergland zogen, hatte ich noch keine Erfahrung mit diesen unersättlichen Nagern gemacht. Ich büßte prompt drei meiner schönsten Obstbäume ein - und alle drei sozusagen im schönsten Baumesalter stehend. Das war wohlgemerkt zu einer Zeit, als noch keinerlei Stroh in meinem Garten zu finden war. Seitdem führe ich einen ziemlichen Kampf mit diesen „Untergrundwerkern".

Ich habe nacheinander die verschiedensten Methoden ausprobiert, um sie von meinem Territorium fernzuhalten, leider ohne nennenswerten Erfolg. Wenn ich jetzt junge Bäume pflanze, dann lege ich stets Kükendraht um die Ballen herum und beobachte die Stellen rings um den Baum ganz genau.

Das Fallenstellen bringe ich einfach nicht fertig, obwohl das sicher der fairste Weg wäre - ein Kampf von Mensch gegen Tier sozusagen.

Nun habe ich mich für die *Quiritox*-Methode entschieden. Diese im Handel erhältlichen Wühlmausköder auf pflanzlicher Basis kann man in die Gänge der Tiere legen und zwar so lange, bis sie nicht mehr angenommen werden. Das macht zwar auch viel Arbeit, doch sollen die Tiere - nach Angaben des Herstellers - wenigstens schmerzlos getötet werden.

Nach dem extrem milden Winter zu Beginn meiner Mulchpraxis, war meine Wiese förmlich wie ein Sieb durchlöchert. Auf den Beeten unter dem Stroh jedoch habe ich kein einziges Loch entdeckt. Und auch nicht unter den Bäumen, die ich sehr hoch mit Mulch eingedeckt hatte. Freilich, ein wachsames Auge muß man immer haben, wenn die Plagegeister bei uns erst einmal heimisch geworden sind.

Alle Bestrebungen, die Wühlmäuse lediglich aus unserem *eigenen* Garten zu vertreiben, scheinen mir auch nicht sehr sinnvoll. Sie richten ihre Schäden ja dann nur anderweitig an und kommen früher oder später doch wieder zu uns zurück.

Daß sie mir meine Beete bis jetzt verschont haben, ist aber kein Grund zum Frohlocken für mich. Es kann gut sein, daß es sich bereits im nächsten Jahr ganz anders verhält, vielleicht blasen meine ungebetenen Gartenbewohner ja schon zum Generalangriff auf mein Gemüseland. Bis jetzt jedenfalls haben sie sich stets als die Klügeren herausgestellt.

All meine Überlistungs- und Vertreibungsversuche haben sie bisher nur ein müdes Lächeln gekostet. Weder Kaiserkronen, noch angepflanzte Wolfsmilchgewächse, weder in die Erde gesteckter Knoblauch, noch in die Gänge gegossene Abkochung von Holunderblättern, weder petroleumgetränkte Lappen, noch was der guten Ratschläge mehr sind, konnten ihnen letzendlich etwas anhaben. Kürzlich hörte ich, daß noch ein anderes ökologisches Wühlmausmittel namens „Mausraus" im Handel ist. Es soll zuverlässig sein, für Mensch, Haustiere und Bodenleben unschädlich und auch gegen andere Nager wie z.B. Maulwürfe wirken.

Ich fasse mich aber auch weiterhin in Geduld. Wer oder was kann uns diese Tugend so überzeugend lehren wie ein Garten?

Ich vertraue auf mein Mulchsystem und - die Zeit! Wenn ich meine *Mulchtotal-Methode* erst noch ein paar Jährchen länger praktiziert habe, werden sicher eine Menge Probleme ganz von selbst gelöst sein.

Die Würmer haben den Boden dann so alkalisch gemacht, daß sich auch die Schnecken beleidigt in saurere Jagdgründe zurückziehen werden.

Ähnlich verhält es sich mit den anderen, ungebetenen Gästen. Ich meine nicht die zweibeinigen, die sind bei mir immer willkommen! Auch, wenn einige immer etwas zu kritisieren haben. Kritik braucht man, um zu lernen. Und wird die Kritik allzu beißend, denke ich mir: „Wer zuletzt lacht...."

Die Schädlinge machen in den seltensten Fällen - wenn man sie ungestört gewähren läßt - wirklich „tabula rasa", so wie die Wühlmäuse es mit meinen Obstbäumen getan haben, oder wie es die Spargelfliege im einem Sommer, als ich einige Zeit nicht zuhause war, mit meiner Lieblingsspeise taten. Trotzdem feierte mein Spargel im Frühjahr darauf fröhliche Urständ, und in dem „Spargelfliegensommer" blieb noch genügend anderes Gemüse für mich zum Leben übrig. Was brauche ich mehr?

Ameisen schließlich zähle ich nicht unbedingt zu den schlimmen Schädlingen, zumindest nicht im Gemüsegarten. Im Haus, auf Terrassen, unter Steinplatten und Treppen können sie schon eher unangenehm werden. Sie sind imstande, ganze Platten zu unterminieren. Auch bei den Ameisen gibt es eine Menge guter Tips, wie man der Plage Herr werden kann. Es werden völlig giftfreie Streumittel angeboten, die unschädlich sind, doch ich habe nie beobachtet, daß die fleißigen

Tierchen zu einem wirklichen Problem wurden. Ich denke nicht, daß sich dies durch die *Mulch-total-Methode* ändern wird.

Daß die rote Waldameise geschützt ist, dürfte sicher jedem Gartenfreund bekannt sein. In den Gärten haben wir es fast immer mit den drei anderen Ameisenarten zu tun, nämlich der Rasen-, der Wiesen- und der schwarz-grauen Wegameise. In trockenen Jahren treten sie vermehrt auf, doch auch dann kann man sie leicht in Schach halten.

Die **Raupen** machen uns da schon eher Ärger. Ich versalze ihnen ihre Lieblingsspeise - den Kohl- im wahrsten Sinne des Wortes: ich streue Salz darauf (auf die Pflanzen, nicht die Raupen, die sind zu schwer zu treffen). Und zwar das erste Mal gleich nach dem Setzen der Jungpflanzen. In der Folgezeit wiederhole ich diese einfache Anwendung jeweils bei Bedarf. Man kann aber auch aus den Geizblättern der Tomaten, die ja regelmäßig entfernt werden sollen, einen Absud machen. Diesen spritzt oder gießt man dann in der Zeit der Kohlweißlingsflüge (ab Ende Mai die Sommermonate hindurch). Man kann damit nicht nur die Schmetterlinge fernhalten, sondern gleichzeitig die Tomaten düngen.

Obwohl die Raupen ja am Kohl großen Schaden anrichten können, wenn man sie nicht rechtzeitig entfernt hat, so freue ich mich doch immer, wenn ich wenigstens die Kohlweißlinge noch gaukeln sehe. Zusammen mit wenigen anderen sind sie es, die von all den unzähligen Arten übrig geblieben sind, die früher so selbstverständlich zum Bild des Sommers gehörten.

Bewährt haben sich auch Algomin oder Steinmehl, man kann die gefährdeten Gemüse, wenn sie feucht sind, damit bestäuben, was gleichzeitig auch noch düngende Wirkung hat. Auch die Mischkultur von Salat und Kohl ist zu empfehlen. All diese Maßnahmen zielen darauf ab, die Schmetterlinge lediglich von den Pflanzen fernzuhalten, und nicht, ihnen Schaden zuzufügen. Und das ist mehr als wünschenswert.

Die **Möhrenfliege** macht es uns da schon viel schwerer. Da sie ihr Werk im Verborgenen ausübt, kann sie - von uns ganz unbemerkt - mühelos alle Kulturen zunichte machen. Früher hatte auch ich immer meine liebe Not, die Möhren heil heranzuziehen. Wie groß war die Enttäuschung oft, wenn ich die Früchte aus der Erde zog und sie wieder zernagt oder gänzlich ausgehöhlt waren.

Wie freue ich mich, Ihnen einen wirklich guten Rat zu diesem Thema weitergeben zu können. Ich entnahm ihn den *„Winken der Abtei Fulda."*

„Das vergangene Jahr hat mir nach langen, vergeblichen Versuchen einen schönen Erfolg bei Möhren gebracht. Sie waren 12 Zentimeter lang und hatten einen Durchmesser von 5 - 6 Zentimeter. Gepflanzt habe ich immer eine Reihe Möhren und eine Reihe Zwiebeln, so auch 1986. Mein Rezept, das Sie vielleicht gebrauchen können, ist folgendes: Da ich viel Zwiebeln brauche, pflanze ich meist Steckzwiebeln. Die ersten kommen mit ihren grünen Schlotten in den Salat. Von da an verwende ich jeden noch so kleinen Abfall. Alles gebe ich kleingeschnitten (etwa 1 - 2 Zentimeter) in ein altes Weckglas mit Wasser. Dieses Glas, besser den Inhalt dieses Glases, gieße ich über die ausgelichtete Möhrenreihe. Das wiederhole ich laufend bis zur Ernte. Man darf nicht sparsam damit sein. Das Ergebnis sind einwandfreie Möhren. In diesem Jahr werde ich zeitig einige Zwiebeln stecken, damit ich genug Grün habe zum Sammeln. Denn nun, da man so leicht wurmfreie Möhren haben kann, will ich auch mehr davon säen." Grevenbroich, 20.2.1987 E.K.

Da ich so gute Erfahrungen mit der *Mulch-total-Methode* und den Zwiebeln, die ich schon im Herbst unter das Stroh stecke, gemacht habe und mir dadurch ganz zeitig im Frühjahr das frische Grün zur Verfügung steht, habe ich keine Not und kann gleich nach dem Aufgehen der Möhren mit dem Begießen der Reihen beginnen. Ich bestecke auch jeden freien Platz mit den kleinen Pflanzzwiebeln, die ja nicht teuer und sehr ergiebig sind, und so habe ich stets genügend Grün für diesen Zweck zur Verfügung.

Die Benediktinerinnen der Abtei Fulda erhielten 1987 den *Umweltschutzpreis der Stadt Fulda* für ihre jahrzehntelangen Verdienste im biologischen Pflanzenbau. Zu Recht, wie ich finde. Alle ihre Schriften sind eine Fundgrube für jeden Gartenfreund, und ich kann sie auf das Wärmste empfehlen.

Noch ein guter Rat, der Plage Herr zu werden: auch zwischen die Reihen gesäte Kresse vertreibt die Möhrenfliege. Und wer sie nicht als Salat aufbraucht, kann sie gleich als Mulch an Ort und Stelle liegenlassen.

Zum Schluß des unerquicklichen Feldes „Schädlinge" nun noch einige Zeilen zum Thema **Läuse**.

In Maßen auftretend gehören sie sicherlich zu einem natürlichen Garten dazu. Pflegerische Maßnahmen wie Mulchen, Mischkultur etc., sorgen dafür, daß sie nicht überhand nehmen können. Diese Maßnahmen führen zu gesundem Wachstum, und widerstandsfähige Pflanzen können sich auch gegen Schädlinge zur Wehr setzen.

Also tun wir gut daran, nicht bei jeder Laus in Panik auszubrechen, sondern lieber abzuwarten, ob sich die Dinge in einigen Tagen von selbst gegeben haben. Nimmt der Befall aber doch bedrohliche Formen an, greife ich zunächst erst einmal zu dem umweltfreundlichsten Mittel, nämlich dem Gartenschlauch. Abgesehen vom Wasserverbrauch kann er sonst gewiß kaum Schäden verursachen.

Die befallenen Bäume und Sträucher werden also mit kaltem Wasser - von unten und von der Seite unter nicht zu starkem Druck - abgespritzt. Erst wenn sich nach einer eventuellen Wiederholung noch keine Wirkung zeigen sollte, nehme ich Brennessel- oder Schachtelhalmbrühe zu Hilfe.

Doch selbst zu diesen unschädlichen Mitteln greife ich nur zögernd, wenn ich mir vergegenwärtige, daß z.B. auf so einem Apfelbaum im Laufe eines Jahres etwa 1000 Arten von Gliedertieren leben. Sie stellen eine große Lebensgemeinschaft dar, die ihr Gleichgewicht selbst wahren kann. Greift nun der Mensch durch seine „Maßnahmen" in irgendeiner Form ein, wird dieses Gleichgewicht unweigerlich gestört. Also auch hier möchte ich zu Geduld raten und dazu, auch einmal einen kleinen Verlust in Kauf zu nehmen. Dies ist auf jeden

Fall besser als allzu forsches Vorgehen. Auch „Schädlinge" sind schließlich lebende Wesen.

Ein erstes Mulch-Fazit

Als ich einmal eine Spinne erschlagen
Dacht ich, ob ich das wohl gesollt?
Hat Gott ihr doch wie mir gewollt
Einen Anteil an diesen Tagen!,
    Johann Wolfgang von Goethe

Bevor ich Sie im nächsten Teil des Buches einlade, mich in meinem Garten zu begleiten, möchte ich ein erstes Resümee über meine Erfahrungen mit der *Mulch-total-Methode* ziehen:

Wenn man davon absieht, daß ich manchmal abends beim Ausziehen sogar in meinen Söckchen und noch intimeren Dessous Strohreste entdecke, auch mittags gelegentlich einige Hälmchen im Salat, konnte ich keine schwerwiegenden Nachteile feststellen. Jedenfalls keine, die sich nicht aus den Erfahrungen der Anfänge lernend, beim nächsten Mal leicht abstellen ließen. Ich habe z.B. herausbekommen, ich erwähnte es bereits, daß man bei den frühen Kulturen, die unsere ersten Aussaaten aufnehmen sollen, gut daran tut, das Stroh beizeiten von den Beeten zu räumen. Besonders bei schweren und dichten Böden und in einem nassen und kalten Frühjahr ist diese Maßnahme unbedingt erforderlich, da sich der Boden unter dem Stroh sonst nicht genug erwärmt. Bei leichteren Sandböden mag es nicht unbedingt nötig sein, vielleicht auch bei schweren Lehmböden nicht mehr, wenn sie sich erst durch das ständige Mulchen gelockert haben und feinkrümeliger geworden sind.

Wenn ich die vielen Vorteile dagegen abwäge, stört mich das aber nicht im geringsten.

Einigen Ärger bereiten mir die Amseln, die ständig in den Beeten herumscharren, um die Würmer unter dem Stroh hervorzuziehen, sobald ich dem Garten den Rücken kehre. Die Würmer gönne ich ihnen gerne, ich habe ja mehr als genug davon; besonders wenn sie diese haben müssen, um ihre junge Brut damit zu füttern. Die furchtbare Unordnung jedoch, die sie dabei anrichten, stört mich schon etwas. Dies hat nichts mit einem „Ordnungsfimmel" meinerseits zu tun, dieser Tugend räume ich im Garten ohnehin keinen allzugroßen Stellenwert ein. Doch die Vögel nehmen natürlich keine Rücksicht auf junge Kulturen, Pflänzchen werden regelrecht umgeackert und so mit Stroh eingedeckt, daß sie darunter keine Chancen haben, hochzukommen.

Vielleicht wissen Sie, liebe Leserinnen und Leser, einen guten Rat. Mich erreichen oft gute Tips und Hinweise, für die ich von Herzen dankbar bin. Jemand riet mir einmal, einen alten, stinkenden Hering in den Kirschbaum zu hängen, wenn dieser gar zu schlimm von den Vögeln heimgesucht würde. Den Geruch - um nicht zu sagen bestialischen Gestank - können die Gefiederten nicht leiden, und sie meiden dann den Baum.

Aber diese Methode kann ich ja wohl doch nicht in meinem Gemüseland praktizieren? Ich fürchte, das würde nicht nur die Amseln abschrecken, sondern auch meine zweibeinigen Besucher fernhalten, die ja durchaus gerne bei mir gesehen sind.

So wird es weiterhin zu gewissen Zeiten und bei besonders gefährdeten Kulturen nötig sein, diese durch Vogelschutznetze abzudecken. Das ist zwar eine mühsame, aber dennoch die wirksamste Methode.

Da das Land nach dem Setzen der Jungpflanzen oder dem genügend großen Wachstum der Sämlinge und deren Verziehen nicht mehr gehackt werden muß, entfällt das lästige Hochnehmen der Netze bis zur Ernte weitgehend.

Sinnvoll ist es, die Netze mit Stäben hoch genug über die Beete zu spannen, daß sich das Grün der Pflanzen nicht darin verwickeln kann. Sonst würde man vielleicht das Kraut oder die Netze beschädigen, wenn man sie entfernen möchte. Auch tut man gut daran, sie unten am Boden gut aufliegen zu lassen, bzw. sie mit Steinen zu beschweren, denn die Vögel finden jede kleinste Lücke, wenn es gilt, an ihre Leckerbissen heranzukommen.

Meine anfänglich größte Sorge, der Garten könnte durch die Umstellung auf ganzjähriges Mulchen vermehrt von Schädlingen befallen werden, hat sich nicht bestätigt. Auch ist der Alptraum, der mich manchmal nachts befiel, ich würde Roggen, Weizen oder Hafer ernten statt Möhrrüben, Spinat und Kartoffeln, weil die vereinzelt im Stroh verbliebenen Körner keimen und alles überschwemmen könnten, nicht Wirklichkeit geworden.

Dagegen hat sich ein anderes Problem ergeben, mit dem ich nicht im mindesten gerechnet habe: Die Kartoffelschwemme! Überall, wo ich im Laufe eines Winters und des darauffolgenden Frühjahrs Kartoffelschalen oder -abfälle auf das Land gebracht hatte, kamen lustige Kartoffelpflanzen hoch. Vielleicht hat auch die Tatsache, daß ich einen äußerst milden Winter erwischt hatte, dazu beigetragen.

Wo sie nicht allzusehr störten, ließ ich sie einfach wachsen, ansonsten habe ich sie ausgerupft.

Es ist besser, die Kartoffelschalen extra zu kompostieren oder sie gleich dorthin zu bringen, wo sie im Frühling ohnehin wachsen sollen. Vielleicht kann ich mir so das Saatgut und die Arbeit mit dem Stecken sparen. Versuch macht klug!

Schließlich empfinde ich es auch noch als sehr angenehm, daß ich - im Gegensatz zu früher - sogar bei Regenwetter in Hauspuschen hinuntergehen kann, um mir einen Kopf Salat zu holen oder den Eimer mit meinen Küchenabfällen zu entleeren.

Bevor ich die *Mulch-total-Methode* praktizierte, hatte ich immer zentnerweise unseren schweren Lehmboden an den Gummistiefeln kleben. Ohne Schuhwechsel ging überhaupt nichts. Das Stroh macht's möglich!

Werkzeuge zum Mulchen

Technik ist die große Anstrengung
Anstrengungen zu vermeiden
Oskar Wilde

In vielen Gartenbüchern nimmt das Kapitel „Werkzeuge" großen Raum ein. Wir können uns da auf ein paar kurze Seiten beschränken.

Mein beliebtestes und bevorzugtes Gerät ist - nein, ich meine nicht das Sofa - der **Sauzahn**, auch *Wühler* oder *Bodenlockerer* genannt. Mit ihm und mit meinen zwei angewachsenen Werkzeugen, die mir ein weiser Schöpfer mit auf den Lebensweg gegeben hat, glaube ich - zur Not - im Garten auskommen zu können.

Da er noch nicht allen Gartenfreunden bekannt ist, möchte ich ihn erst einmal vorstellen und seinen Zweck und seine Verwendungsmöglichkeiten erklären:

An einem langen Stiel sitzt der sehr sinnvoll geformte, sichelförmige Ziehhaken. Er wirkt ähnlich wie ein Kultivator, ist aber weder mit diesem, noch mit einem anderen Gartengerät zu vergleichen. Am Ende des Hakens ist das kleine, schmale, aber sehr scharfe Blatt angesetzt (siehe Abbildung Seite 42). Durch diese geniale Form dringt er mühelos und ohne die gewohnte Kraftanstrengung in den Boden ein, um ihn zu lockern, ohne daß die obere Schicht durcheinander geworfen wird. So kann er leicht durch den Boden gezogen werden, wobei er sich schön gleichmäßig in der gewünschten Tiefe hält.

Besonders erfreulich ist die Arbeit mit dem Sauzahn in engen Pflanzenreihen, wo man mit anderen Geräten stets nur sehr schwer zurechtkommt, ohne großen „Flurschaden" anzurichten. Er hat sich bei der Beseitigung von Wildkräutern genauso bewährt wie zum Auflockern der Erde nach heftigen Regengüssen (wenn gemulcht wird, fängt die Mulchschicht den Aufprall des Regens z.T. ab). Ich setze ihn fast für alle anfallenden Arbeiten ein. Zum Ziehen von Saatrillen und zum Säubern der Pflanzreihen, auch beim Ernten des Wurzelgemüses ist er mir ein unentbehrlicher Helfer. Man kann damit sehr schön den Boden lockern, so daß es einem nicht passieren kann, daß man nur das Kraut in Händen hält, die Früchte aber in der Erde stecken bleiben.

Kurzum, der Sauzahn ist ein Universalarbeiter, den man nicht genug empfehlen kann, für den Gärtner ist er eine epochemachende Erfindung! Oft sind es ja gar nicht die großen Entdeckungen, sondern eben diese kleinen Dinge, die das Leben soviel leichter und angenehmer machen.

Auch das Stroh packe ich damit hin- und her, wenn ich gerade nichts anderes zur Hand habe, es sei denn, es handelt sich um größere Mengen. Für diesen Zweck habe ich eine leichte **Heugabel**. Hin und wieder brauche ich auch noch einen **Spaten**, wenn ich Bäume und Büsche zu pflanzen oder umzusetzen habe. Ich verwende einen sehr praktischen kleinen „Damenspaten", dessen Blatt in einer Spitze ausläuft und deshalb leicht in den Boden eindringen kann.

Weiter benötige ich noch ein **Pflanzholz**, eine kleine **Handschaufel**, eine **Schnur** zum Säen und Setzen der Jungpflanzen, einen **Grasrechen** aus Holz; **Gartenschere** und scharfes **Messer** zum Beschneiden der Gehölze, eine **Gießkanne**, einige **Eimer** und - natürlich - eine **Regentonne**. Das Regenwasser ist eine Labsal für die Pflanzen. Wenn es erwärmt ist, erspart es ihnen den Schock, und sie mögen es sehr viel lieber als das Leitungswasser, selbst wenn es in unseren Tagen alles andere als einwandfrei ist. Außerdem hält es unseren Wasserverbrauch in trockenen Sommern niedrig.

Unentbehrlich, zumindest noch für die Übergangszeit, bis der Garten durch die *Mulch-total-Methode* überwiegend wildwuchsfrei ist, erscheint mir auch noch ein kleines Werkzeug zum Ausstechen der Tiefwurzler wie Löwenzahn, Giersch etc.

Meine Wiese mähe ich entweder mit dem **Handmäher** oder - wenn das Gras zu hoch steht - mit der **Sense**. Das heißt: Ich versuche es! Man müßte wohl von Kind an mit diesem Werkzeug vertraut sein, um es zu einer bescheidenen Meisterschaft zu bringen.

Manchmal habe ich das Glück, daß ein freundlicher Nachbar meine Sense ergreift, wenn er meine stümperhaften Versuche eine Weile beobachtet hat und einfach nicht länger mit ansehen kann, was ich meiner Wiese da antue.

Etwas neidisch auf seinen souveränen Umgang mit diesem Gerät, aber auch voller Genuß verfolge ich seine rhythmischen, weitausholenden Bewegungen, die er mit einer solchen Leichtigkeit ausführt, als wäre es wirklich nur ein Kinderspiel.

Ich schaue ihm zu und höre das melodische, langgezogene sch - sch - sch - sch - und bin traurig, daß auch diese Kunst auszusterben droht. Nur noch wenige, meist alte Menschen beherrschen sie.

Dagegen ist die Bearbeitung der Wiese mit elektrischen Sichelmähern nur als barbarisch zu bezeichnen.

In der warmen Jahreszeit, in der man sich so gerne im Freien aufhält, ist man unentwegt dem ohrenbetäubenden Geratter und Getöse der Motormäher aus den umliegenden Gärten ausgesetzt.

Ich bin durchaus nicht so technikfeindlich eingestellt, wie man vielleicht annehmen könnte. Ich bediene mich ihrer ebenso gerne wie andere Leute, vor allem dort, wo sie Mensch und Natur wirklich nützt, anstatt sie beide krank zu machen.

Schließlich war ich ja fast 50 Jahre lang mit einem Vollbluttechniker verheiratet. Zwar keinem von der ganz schlimmen Sorte, denen man nachsagt, daß sie Putzwolle essen und Maschinenöl trinken und am liebsten auch noch mit einer Maschine verheiratet wären, um wiederum kleine Maschinchen in die Welt zu setzen. Aber mit Garten und auch anderen Bereichen, wo Technik in Form von Maschinen nur sehr begrenzt einsetzbar ist, hatte mein Mann doch sehr wenig im Sinn. So blieb dies immer mehr meine Domäne.

Den **Schredder** halte ich eigentlich für ein Beispiel von sinnvollem Maschineneinsatz im Garten. Er dient zum Zerkleinern von holzigen Stengeln, kleinen

Ästen, die beim Baumschnitt anfallen, usw. Sicher ist er überall dort sehr praktisch, wo viele solcher Materialien anfallen und natürlich im gewerblichen Gartenbau.

Seit ich mit der *Mulch-total-Methode* arbeite, komme ich aber ganz gut ohne diese Anschaffung aus.

Als wir vor Jahren hierher ins Weserbergland zogen und einen großen Garten mit völlig überaltertem Baumbestand übernahmen, der unbedingt ausgelichtet werden mußte, schafften wir uns auch einen solchen Schredder zum Zerkleinern an. Ob ich technisch zu unbegabt bin oder ihm einfach zuviel zugemutet habe, ich weiß es nicht, jedenfalls hauchte er sehr bald sein Leben aus, und heute vermisse ich ihn nicht mehr. Schon allein das Hin- und Herschleppen von der Werkstatt in den Garten bereitete mir Schwierigkeiten. Sein Getöse zerriß meine friedliche Stille, und Strom fraß er auch ganz schön! Nun schichte ich größere Holzteile zu Reisighaufen für die Igel auf, kleine Ästchen verteile ich auf die Baumscheiben unter Stroh, wo sie bald zu Erde zerfallen und so dem natürlichen Kreislauf wieder zugeführt werden.

Oder ich verschaffe mir an schönen Herbsttagen frische Luft und rücke den Ästen mit dem Beil zuleibe. Das bekommt meinem Ofen gut und auch meiner schlanken Linie. Solange wir noch keine erneuerbare Energie zur Verfügung haben und von den kostbaren Ressourcen der Erde zehren, setze ich lieber - wo es möglich ist - meine eigene Energie ein, statt der geborgten aus der Steckdose.

Ein gutes **Spritzgerät** zum Aufbringen von Kräuterjauchen, Brühen und dergleichen ist dagegen in einem Biogarten sehr von Nutzen. Das wird sich sicher auch durch die *Mulch-total-Methode* nicht ändern. Es werden immer wieder Schädlinge, Pilze, Krankheiten auftreten, denen wir durch solche natürlichen Hilfsmittel erfolgreich begegnen können. Besonders, wenn Obstbäume in einem Garten stehen, ist eine tragbare, größere Spritze sehr hilfreich. Ansonsten wird auch eine kleine Handspritze oder die Gießkanne fürs erste genügen. Wichtig ist, daß die Brühen immer erst durch ein Sieb oder ein Tuch gegeben werden, da sonst die feinen Düsen der Spritze leicht verstopfen. Es gibt aber auch Spritzgeräte, die speziell für diese Bio-Spritzmittel gedacht sind, sie haben größere Düsen.

Gefäße zum Ansetzen der Brühen und Jauchen sollten weder aus Metall, noch aus Plastikmaterial bestehen, es sei denn, es handelt sich um einen speziell dafür vorgesehenen umweltgerechten Kunststoff. Bestens geeignet sind unbeschädigtes Emaille, Ton, Steingut und Glas.

In den USA hat man Versuche mit Regenwürmern und Goldfischen durchgeführt, um die Verträglichkeit verschiedener Materialien zu testen. In Kunststoffbehältern gingen die Tiere - je nach Art des Kunststoffes - mehr oder weniger schnell ein, während sie in Glasbehältern gesund und munter blieben. Gut geeignet sind Sauerkrautbehälter, die man sich aus Reformhäusern besorgen kann.

Damit glaube ich, das Kapitel „Gartengeräte" abschließen zu können. Jeder Gartenneuling wird in der Praxis schnell herausfinden, was er unbedingt braucht und worauf er getrost verzichten kann.

Ein Mulchgarten entsteht

Ich möchte Sie nun herzlich einladen, mich ein Gartenjahr lang, also von Frühling bis Herbst, bei meiner Tätigkeit zu begleiten. Wir werden die Freuden, aber auch die Enttäuschungen, die natürlich nicht ausbleiben, getreulich miteinander teilen. Das Motto soll lauten: geteilte Freude ist doppelte Freude, geteiltes Leid ist halbes Leid!

Ich werde Sie - das verspreche ich Ihnen - unbarmherzig auf alle Fehler aufmerksam machen, die mir unterlaufen sind, in der großen Hoffnung, daß ich Sie davor bewahren kann, beim Anlegen Ihres Mulchgartens dieselben zu wiederholen. Dabei bin ich mir bewußt , daß Sie vielleicht andere machen werden, so wie auch ich in Zukunft nicht davor verschont bleiben werde - aber das ist menschlich!

Schon an dieser Stelle möchte ich Sie bitten, mir über Ihre Fehler und Schwierigkeiten zu berichten. Vielleicht können wir das Problem gemeinsam meistern.

Woche 12

Das Gartenjahr könnte nun eigentlich beginnen, wie heißt es so schön in dem alten Kinderlied?

Im Märzen der Bauer die Rößlein einspannt
Er setzt seine Felder und Wiesen instand
Er pflüget den Boden, er egget und sät
Und regt seine Hände frühmorgens und spät

Doch das funktioniert hier in unserem rauhen Klima in den wenigsten Jahren. So ist es auch in diesem Frühjahr, es ist noch lange nicht an eine Aussaat zu denken.

Da ich Sie ja dazu eingeladen habe, mich durch eine Wachstumsperiode hindurch zu begleiten, möchte ich Sie zuerst einmal damit vertraut machen, was da auf Sie zukommt.

Ich hoffe, Sie sind gut zu Fuß!

Daß mein Haus im Weserbergland steht, erzählte ich schon, es steht am Fuße des *Bückeberges* in extremer Hanglage von etwa 14 Grad. Vom Eingang an der Straßenseite bis hinunter in den Garten habe ich 25 Stufen zu bewältigen.

Wenn es stimmt, was mir eine Besucherin aus Hannover in Aussicht gestellt hat, nämlich daß jede Stufe, die man täglich zu überwinden hat, das Lebensalter verlängert, müßte ich so alt werden wie Methusalem. Es gibt das ganze Jahr hindurch kaum einen Tag, wo ich nicht mindestens drei- bis viermal hinunter- und heraufturne.

Mein Leben spielt sich im Wesentlichen in drei Etagen ab: der Eingang zum Wohntrakt liegt an der Straße (Nord-Ostseite), vom dort geht's hinunter zum Kellergeschoß, das seinen Ausgang zur Gartenseite hat (davor befindet sich eine Arbeitsterrasse). Von da aus geht es dann nochmals abwärts zum großen Obst- und Gemüsegarten. Er liegt in einer Mulde mit leichtem Nord-Süd-Gefälle und ist nach Westen hin etwas geneigt.

Bis jetzt war ich immer sehr glücklich über diese ausgesprochene Sonnenlage, obwohl ein Gefälle nach mehreren Seiten natürlich auch seine Probleme mit sich bringt. Aber auch die - da bin ich überzeugt -werde ich mit Hilfe der *Mulch-total-Methode* überwinden können, die meisten jedenfalls.

Mein Mann sprach von unserem Haus gerne übertreibend von der „Villa Hügel“, ich nenne es lieber ganz bescheiden „Mein Berghüsli“.

Woche 13

Der Garten ist noch nicht bereit für die Frühjahrsbestellung, das heißt, der Boden liegt noch viel zu naß unter der Strohdecke (eine alte Regel besagt, man kann loslegen, wenn die Erde nicht mehr am Werkzeug klebt, doch davon ist es bei mir im Augenblick noch weit entfernt). Zunächst einmal mache ich das Beet, das für die erste Aussaat bestimmt ist, ganz vom Mulch frei. Die Frühlingssonne, die für diese Jahreszeit mit einer ganz ungewöhnlichen Intensität vom beinahe südlich anmutenden Himmel herunterbrennt, wird es bald schaffen, die Erde zu trocknen. Ganz wohl ist mir bei dieser ungewöhnlichen Hitze jedoch nicht, ich traue dem Frieden noch nicht und fürchte Rückschläge.

Weil ich doch noch nicht viel tun kann, beschließe ich, erst einmal eine langgeplante und immer wieder verschobene kleine Reise zu unternehmen, bevor es dann richtig losgehen kann mit der Gärtnerei.

Zuvor aber muß ich noch meine angekündigte Strohlieferung in Empfang nehmen. Ich freue mich sehr darauf, habe ich doch nach langem Suchen die richtige Quelle gefunden, von der ich gutes, reines Biostroh beziehen kann.

Ich suche mir also einen Platz aus, wo ich es bis zum endgültigen Gebrauch lagern kann. Ich denke, auf der Terrasse vor dem Kellereingang unter dem Dach des Balkons wird der richtige Ort sein. Dort ist es vor Regen geschützt.

Das Material wird angeliefert, und wir packen die 20 Bündel gemeinsam, fein säuberlich gestapelt, unter das Dach vor dem Keller. Das heißt, der Platz reicht nicht ganz aus für alle Bündel, deshalb bringe ich gleich ein paar davon hinunter in den Garten, wo ich sie einfach auf ein stark verunkrautetes Beet lege, das ich für den Kartoffelanbau vorgesehen habe.

Und dann besteige ich frohgemut ob der sommerlichen Temperaturen meinen Zug, der mich an mein Ziel bringen soll, glücklich über die Abwechslung vom täglichen Einerlei und über die Erholung, die ich mir von der Reise erhoffe.

Und dann kam er: einer dieser typischen gewaltigen Wetterumstürze mit heftigem Sturm und Regenschauern. Mein Stroh zuhause wähnte ich wohlverwahrt - wie froh war ich, hatte ich es doch noch zusätzlich mit etwas Folie abgedeckt.

Bei meiner Rückkehr war denn auch mein erster Gang dorthin, wo ich es vor Tagen zurückgelassen hatte.

Die Überraschung war perfekt, ich traute meinen Augen kaum: Die Heinzelmännchen waren dagewesen und hatten mein Stroh dorthin befördert, wo es wohl ihrer Meinung nach hingehörte, nämlich hinunter in den Garten. Nur war es leider selten da gelandet, wo ich es haben wollte, aber wie hätten sie das auch wissen sollen? Stroh, Stroh und nochmals Stroh, soweit ich blicken konnte!

Vor lauter Schreck wollte ich mich erst einmal zu Bett begeben, da es ohnehin schon Abend und ich müde von der Reise war. Doch auch vor der Kellertüre mußte ich mich durch Stroh hindurcharbeiten, das die Wucht des Weststurmes dort aufgehäuft hatte. Sogar nach innen waren kleine Strohteilchen gedrungen, etwa so, wie manchmal Schnee durch die Eingänge rieselt. In dieser Nacht schlief ich nicht gerade sehr gut. Zum erstenmal verwünschte ich meine Mulcherei und gab einem alten Freund recht, der sie eine „Strohmanie" genannt hatte.

Doch als ich am nächsten Morgen meinen Garten betrat, die Sonne schien wieder und kein Lüftchen regte sich, war alles halb so schlimm. Es hatte in der Nacht wohl etwas geregnet, und das Stroh lag nun ganz fest auf dem Boden. Mit einem großen hölzernen Heurechen harkte ich es dort zusammen, wo es keinen Zweck erfüllte, das andere ließ ich gleich an Ort und Stelle liegen. Ich lachte über meine Reaktion vom vergangenen Abend, und als ich dann auch noch entdeckte, daß die Bündel, die ich aus Platzmangel nicht unter dem Dach untergebracht, sondern im Freien im Garten gelagert hatte, gänzlichst unversehrt und wohlverschnürt immer noch dort lagen - kein Hälmchen hatte sich daraus gelöst - wußte ich, welche Lehre mir da erteilt worden war:

In Zukunft werde ich nie mehr woanders als im Garten selbst meine Bündel aufbewahren. Das hat ja auch noch den großen Vorteil, daß sie bei Bedarf gleich und genau dort, wo ich sie brauche, zur Verfügung stehen.

Woche 14

Ich war wieder zufrieden mit mir und meiner kleinen Welt. Ein Blick auf die Erde, in den Himmel und in den Saatkalender sagte mir, daß es nun bald an der Zeit ist für erste Aussaaten und für Auspflanzungen aus dem Frühbeet.

Warum ich die Sache mit dem Stroh so ausführlich erzählt habe, wird sich mancher fragen. Ich denke, damit habe ich die Antwort gegeben auf die bange Frage, die mir so oft von Besuchern oder werdenden Mulchgärtnern gestellt wird: „Weht das Stroh denn nicht weg?"

Nun, wenn Sie es nicht gerade bei Windstärke 12 ausbreiten und es am besten schon etwas angefeuchtet ist, also draußen gelagert hat, kann man diese Befürchtungen zerstreuen und die Frage mit „nein" beantworten. Sogar die Taubildung über Nacht genügt schon, um es fest auf der Erde aufliegen zu lassen, Weizenstroh liegt besonders gut.

Sogar hier, bei meiner Hanglage, wo die Gefahr sicher noch viel eher gegeben wäre als bei ebenem Gelände, habe ich damit keine Schwierigkeiten. Sicher, einige Halme findet man natürlich auch immer dort, wo man sie nicht hingelegt hat, doch was macht es? Mit der Zeit verrottet das Stroh ja ohnehin und verursacht also keinerlei Schaden. Wenn man sich erst einmal von dem Gedanken frei gemacht hat, ein Garten müsse mit einem staubsaugergepflegten Wohnzimmer konkurrieren können und wenn man die großen Vorteile der Bodenbedeckung in Betracht zieht, fallen diese Dinge wirklich nicht sehr ins Gewicht.

Nun also kann es endlich losgehen! Mit der Gießkanne bringe ich zuerst noch eine Schachtelhalmbrühe auf dem Beet aus, das ich für Saat und Auspflanzung vorgesehen hatte und zur besseren Erwärmung bereits von der Bodenbedeckung freigemacht hatte. Die Schachtelhalmbrühe beugt eventuellen Pilzerkrankungen vor, ich gebe sie hauptsächlich in die Saatrillen. Dann kommen die in *Humofixwasser* vorgekeimten Samen von Möhren, im Wechsel mit Zwiebeln und Radieschen - zwecks Reihenmarkierung für die Langsamkeimer - in die Erde. Alles wird gut festgetreten, und wenn die Saat aufgegangen ist, wird das Stroh wieder dicht herangezogen. Eine Reihe Erbsen lege ich noch, da ich sie sehr gerne als Rohkost genieße, immer nur wenige auf einmal. So habe ich sie immer ganz frisch zur Verfügung. Ein Rhythmus von einer Woche hat sich hierbei als gut und zweckmäßig erwiesen.

Woche 15

Auf dem Beet ist noch etwas Platz, dort kann ich Spinat und eine Reihe Rote Bete säen, die ich lieber nicht zu groß werden lasse und deshalb ebenso wie die Erbsen - in Etappen aussäe. Größer als ein normaler Apfel sollten Rote Bete nicht werden, ihr Geschmack wird sonst leicht streng.

Nun gibt es alle Hände voll zu tun, die Zeit drängt. Nur gut, daß ich mir die langwierige Arbeit mit dem Säubern der Beete und der Wege und dem Lockern der Erde durch das Mulchen schon weitgehend sparen kann. Freilich, die vollen Segnungen der ständigen Bodenbedeckung werden sich bei unseren schweren Lehmböden hier erst mit den Jahren voll auswirken, bis dahin heißt es eben, sich noch ein bißchen in Geduld zu üben. Ich bin mit dem bisher Erreichten schon sehr zufrieden.

So heiß und trocken in diesem Jahr der März war, so kalt und regnerisch ist nun der April, wesentliche Wassermengen bringt jedoch auch er keine. Zum Auspflanzen und Säen ist die Witterung aber gerade richtig.

Ich mache ein zweites Beet vom Mulch frei und bedauere, daß ich dies nicht schon eher getan habe, denn es ist noch sehr kalt und naß darunter. Ich wage trotzdem eine Bepflanzung, denn es wird nun wirklich Zeit. Ich greife also nochmals zum Sauzahn, um die feste Erde ein wenig aufzulockern, streue meinen restlichen Kompost, vermischt mit reichlich Sand, darüber, der zur Auflockerung dient, und lege meine letzten Frühjahrskartoffeln in eine Reihe. Die ersten sind ja - schon im Winter als Abfälle ausgebracht - unter dem Stroh verborgen bereits am Wachsen und Keimen, wovon ich mich durch das Hochziehen der Bedeckungsschicht leicht überzeugen kann.

Aus dem Saatbeet hole ich Kopfsalat, Kohlrabi, Butterkohl und Rote Bete, die dort schon sehnlichst auf das Herausnehmen warten. Von letzteren ziehe ich immer einige vor und pflanze sie dann aus, so habe ich früh welche zur Verfügung, und sie gedeihen mir auch besser als die an Ort und Stelle gesäten. Nun habe ich das Pflanzbeet frei für die nachfolgenden Herbst- und Winteraussaaten. Zwischen die Reihen setze ich noch einige Pfefferminzwurzeln, das fördert den Wohlgeschmack, besonders bei den Kartoffeln, und das Werk ist bis auf weiteres wieder einmal getan.

Woche 16

„Es ist sicher etwas dran an der alten Gärtnerweisheit, daß Dein Garten am besten gedeiht, wenn er Dich jeden Tag wenigstens einmal zu Gesicht bekommt." Das kam mir in den Sinn, als ich nach dreitägiger Abwesenheit die Gartentreppe hinunterstieg.

Hatten die Schnecken doch tatsächlich in der Zeit, in der ich nicht da gewesen war, Eingang in meine „Minigewächshäuser", die ich zum Schutz über die Setzlinge gestülpt hatte, gefunden und zwei meiner frischgepflanzten Kohlrabisetzlinge angeknabbert. Entweder haben sie schon - von mir unbemerkt - in der Erde gesessen, als ich sie gepflanzt habe, oder aber Schnecken können wirklich über eine Rasierklinge kriechen, wie man es ihnen nachsagt. Nur den Schneckenzaun, der wie ein Winkel geformt ist, den können sie nicht überwinden.

Ich habe die geschädigten Pflänzchen schnell mit einer homöopathischen Dosis „Schneckentod" begossen - ich überbrühe einige ihrer Artgenossen mit kochendem Wasser und nehme dieses Wasser (natürlich abgekühlt) zum Gießen - um zu retten, was noch zu retten ist. Keine sehr freundliche Methode, zugegeben. Aber - ich möchte ja schließlich auch leben und soll es wohl auch, sonst wäre ich nach dem göttlichen Schöpferplan ja nicht auf dieser Welt.

„Wie gut", dachte ich auch, „daß ich heute noch weniger Mühe mit meiner Mittagskost habe als gewöhnlich!" Im Vorübergehen pflückte ich mir einige

Stengel Grünspargel, die während meiner Abwesenheit besonders üppig geschossen waren. Dazu erntete ich unterm Stroh einige Knollen Topinambur, die gerade jetzt um diese Jahreszeit besonders gut schmecken. Den Spargel aß ich gleich aus der Hand, er ist so wundervoll zart, und ich breche ihn genau an der Stelle ab, wo der holzige Teil endet. Den Bogen hat man schnell heraus, schälen ist unnötig. Und das feine Spargelaroma ist in rohem Zustand sehr viel intensiver als gekocht.

„Frischer als vom Garten in die Küche geht es nicht", las ich unlängst in einem Kochbuch. Da muß ich aber widersprechen, natürlich geht es frischer und zwar aus dem Garten in den Mund!

Nach diesem kleinen Ausflug in kulinarische Gefilde zurück in meinen Garten! Nein, halt! In *unseren* Garten muß es heißen. Denn das soll er doch ein Gartenjahr lang sein!

Woche 17

Besuch hat sich angesagt, und ich finde, mein Garten sieht noch reichlich leer aus - man könnte fast den Eindruck haben, daß da jemand am Werke war, der die *Mulch-total-Methode* allzu wörtlich genommen hat und sich auf dem Gelände nichts anderes mehr befindet denn Stroh!!

Ich beschließe, noch etwas auszupflanzen und zwar die zweite Garnitur Kohlrabi aus dem Saatkasten, sie wartet ohnehin darauf.

Als ich jedoch das Glasfenster des Saatkastens hochnehme, meine ich meinen Augen schon wieder nicht zu trauen - was sitzt da mitten in meinem Salat? Eine dicke, wohlgenährte Schnecke und zwar keine Nacktschnecke, sondern eine ganz große Gehäuseschnecke. Ich bin einigermaßen irritiert.

Weiter vorne plädiere ich noch dafür, diese Sorte auf keinen Fall zu bekämpfen, da sie zu den Nützlingen zählt und hilft, die Nacktschnecken und deren Gelege zu reduzieren und nun dies! Ich weiß wirklich nicht, was ich denken soll! Ich habe wohl bemerkt, daß etliche von ihrer Sorte hinten an der Mauer zwischen den Steinen ihr Revier haben, dort ließ ich sie auch immer schön in Ruhe. War sie nun in den Setzkasten gekommen (wie konnte sie mit ihrem großen Haus auf dem Rücken dort hineingelangen?), um sich an meinen zarten Pflänzchen zu delektieren - diese wiesen auch deutliche „Freßspuren" auf - oder war sie gekommen, um mir bei der Bekämpfung der Nacktschnecken zu helfen?

Da ich auch keinen Schneckenfachmann kenne, den ich hätte um Rat fragen können, setzte ich die Schnecke erstmal behutsam in meine „Schneckenweide", das ist ein geräumiges Gehäuse, das ich eigens für diesen Zweck gebastelt habe und in dem ich die ungebetenen Gäste solange verwahre - unterm Gehölz und wohlversorgt mit „Fressalien" - bis ich mit dem Rad unterwegs bin und sie im Wald oder an einem sonstigen geeigneten Platz, wie etwa in unbebautem Gelände aussetze.

Das Töten der Tiere, wie ich es noch vor einiger Zeit bei einer starken Invasion getan habe, bringe ich nun schon kaum mehr fertig. Es sind auch nur noch sehr selten welche im Garten zu bemerken, selbst unter den Brettern nach gelegentlichen Regengüssen nicht. Wenn mir doch noch einmal eine einzelne Schnecke begegnet, ist es meist ein solcher Bastard, von dem Frau Rose Willner berichtete (siehe Seite 33).

Was ich beobachte, ist, daß auch die Tiere des Gartens sich längst nicht immer gleich verhalten, man muß stattdessen davon ausgehen, daß sie ihre Verhaltensweisen oft ändern. Was gestern oder im vergangenen Jahr noch gültig war, kann sich nun ganz anders abspielen. Wir setzen oft etwas voraus, weil wir es bisher immer so gewohnt waren, aber oft stimmt das einfach nicht mehr.

Ich weiß nicht, ob das schon immer so war. Aber ich denke, daß wir es durch das arg gestörte Gleichgewicht der Natur in Zukunft noch viel mehr als bisher mit abnormen und sich widersprechenden Verhaltensweisen der Tiere zu tun bekommen werden.

Mit den alten Methoden von gestern können wir die Probleme von heute nicht mehr meistern. Wir werden gefordert sein, mit neuen Maßnahmen zu reagieren, da wir ständig vor neue Situationen gestellt sein werden.

Sehr nachdenklich geworden, pflanze ich meine Kohlrabi aus und beende die Ernte der ersten Spargelreihe, die in diesem Jahr wirklich sehr erfreulich war und die mir bislang noch niemand streitig gemacht hat.

Es stimmt mich sehr traurig, daß es dem Menschen so schlecht gelingt, mit all seinem Verstand und oft auch gutem Willen die Tiere, die ihm Schaden zufügen, in Schach zu halten, ohne sie massiv in ihrer Daseinsform zu beeinträchtigen.

Mein ganzes Bestreben wird in den nächsten Jahren darauf gerichtet sein, den Zeitgewinn, den mir die *Mulch-total-Methode* beschert, darauf zu verwenden, die „Schädlinge" aus meinem Gartengelände fernzuhalten, ohne massiv in ihre Lebensrechte einzugreifen.

Woche 18

Es herrscht Gartenwetter, d.h. es ist nicht zu kalt, nicht zu warm; weder zu trocken, noch zu naß - gerade recht.

Ich kann mich mit Feuereifer ans Werk begeben. Als erstes säe ich Rettich, Eisbergsalat, Porree, Brokkoli, Grünkohl und pflanze grünen Salat und Paprika. Die Saat- und Pflanzrillen versehe ich mit einem Guß Brennesselwasser, das ich zwei Tage zuvor angesetzt habe. Einige Tiefwurzler wie Giersch und Löwenzahn sind unter der Mulchschicht durchgekommen. Da sie starke Zehrer sind, nehmen sie den Nutzpflanzen viel Energie und vor allem auch Feuchtigkeit weg, die diese jetzt selbst nötig haben. Es wird wohl noch ein paar Jährchen dauern, bis meine Mulchmethode auch damit endgültig aufgeräumt hat. Alles andere an Wildkräutern läßt sich aus der feuchten Erde so leicht herausziehen, daß es eine Freude ist. Früher hielt man bei einem solchen Versuch immer nur die Pflanze in der Hand, die Wurzel aber blieb in der Erde und kam dann alsbald wieder zum Vorschein, jetzt geht es mit Leichtigkeit. Ich lege die Wurzeln oben auf das Stroh, dem Giersch allerdings muß ich mit einem Werkzeug zu Leibe rücken.

Immer wieder überkommt mich die helle Freude über die vielen Regenwürmer, die sich seit dem ersten Mulchwinter schon mächtig vermehrt haben. Ein Nachbar, der zufällig vorbeischaute, fragte mich, ob ich denn gar keinen Mist unter meine Beete packen würde?

„Oh doch", antwortete ich ihm, „den besten, den es überhaupt geben kann, den Wurmkot." *Aristoteles* nannte die Regenwürmer einst die Eingeweide der Erde und glücklich den Gartenbesitzer, in dessen Reich sie vielzählig am Werke sind.

Noch einen guten Rat für den Mulchneuling: Aus leidvoller Erfahrung weiß ich, daß im Garten gerne das Werkzeug verlorengeht, sobald man es aus der Hand legt, und man verbringt eine ganze Weile damit, es unter Büschen, Sträuchern oder Stauden zu suchen. Im Stroh „verkriecht" es sich noch viel leichter, deshalb habe ich mir nun endlich angewöhnt, immer einen leuchtendfarbigen Eimer mit mir zu führen, wo meine Gerätschaften sofort hineinkommen, wenn ich sie aus der Hand lege. So habe ich mir schon viel Ärger und Sucherei erspart.

Woche 19

Ein Tag in dieser Woche ist von der Mondkonstellation her günstig für Fruchtaussaat, so steht es in den *Aussaattagen* von *Maria Thun*. Da ich bisher gute Erfolge mit der Anwendung ihrer Ratschläge erzielt habe, gehe ich also mit der Samentüte in der Hand in den Garten und will die letzte Frühjahrsbestellung für Möhren vornehmen.

Auf dem Weg zum Beet komme ich an zwei meiner Sauerkirschbäume vorbei und werfe im Vorübergehen einen Blick darauf, um zu sehen, ob die Blüten gut angesetzt haben. Doch oh weh! Ich bekomme einen gewaltigen Schreck. An den welken Blättern der Astenden und den vertrockneten Blüten kann ich erkennen, daß sich - ich war wieder einmal für einige Tage verreist gewesen - während meiner kurzen Abwesenheit die alte Krankheit, die *Monilia*, auch Spitzendürre genannt, in Windeseile ausgebreitet hat. Am Vorabend beim Nachhausekommen und meinem ersten Gang durch den Garten hatte ich davon nichts bemerkt. Wahrscheinlich war ich zu müde gewesen von der Reise, oder ich habe mehr auf die Pflanzen unter den Bäumen und deren Zustand geachtet. Es kann aber auch sein, daß die Krankheit über Nacht zum Ausbruch kam. Sie ist hier im Weserbergland - einem ausgesprochenen Kirschenland - sehr weit verbreitet und schwer zu bekämpfen.

Da heißt es also für mich, alle anderen Tagesprogramme beiseite zu legen und mich daran zu machen, die befallenen Astenden von den Bäumen zu schneiden. Es ist ein sehr mühsamer Weg, aber meines Wissens die einzige Möglichkeit, die Bäume überhaupt zu retten, wenn die Krankheit erst einmal so weit fortgeschritten ist.

Vor einigen Jahren war die Seuche hier in der Gegend so verbreitet, daß sich auch die Tageszeitung damit beschäftigte. Ich habe den Artikel der *Schaumburger Zeitung* ausgeschnitten und aufbewahrt:

„Sauerkirschbäume von Pilz befallen.

Sauerkirschbäume sind dieses Jahr verstärkt von der sogenannten Spitzendürre geschädigt, die auf den Befall von *monilia laxa* zurückgeht. Darauf hat der Landesverband des Deutschen Siedlerbundes aufmerksam gemacht. Die Infektion erfolgt durch das Eindringen des Pilzes über den Stempel der Blüte in das Innere des Zweiges, so daß dieser zur Spitze hin braun wird und vertrocknet, eben dürr wird. Das Schadbild zeigt sich in einem Welken der Blätter und des Fruchtansatzes. Die Bekämpfung erfolgt durch sofortiges Abschneiden des befallenen Triebes im gesunden Holz vor einem noch gesunden Neutrieb, und zwar sobald ein Welken der Blätter sichtbar wird. „Das sofortige Entfernen der kranken Triebspitzen ist für jeden Gartenbesitzer eine Verpflichtung“, schreibt der Siedlerbund, da sich nur so der Einsatz chemischer Mittel erübrigt. Bei einem Belassen der befallenen Triebe am Baum werden die sich entwickelnden Früchte von dem gleichen Pilz befallen und faulen dadurch gleichzeitig.“

Soweit der Zeitungsbericht. Sehr wichtig ist es auch, die kranken Pflanzenteile sofort zu verbrennen, damit sich die Krankheit nicht weiter ausbilden kann. Als vorbeugende Maßnahme wird empfohlen, bei dichtem Behang eine starke Fruchtausdünnung vorzunehmen und Meerrettich und Pfefferminze auf die Baumscheiben zu pflanzen. Im Herbst kann man die Bäume und den Restabfall des Laubes mit Schachtelhalmbrühe und 3 Prozent Wasserglas spritzen.

Doch all diese vorbeugenden Maßnahmen haben bis jetzt keinen großen Erfolg gebracht. Jedes Frühjahr muß ich die Sauerkirschbäume einige Tage oder Wochen beobachten und die befallenen Äste ausschneiden. Der Ertrag bleibt durch die Krankheit auch sehr gering.

Daran hat also auch das Mulchen der Baumscheiben bis jetzt noch nichts geändert, wie ich im Stillen gehofft hatte. Ich werde demnächst im Herbst, so habe ich mir vorgenommen, vermehrt Knoblauch unter die Kirschbäume pflanzen, auch das Jauchen mit Meerrettichblättern soll gut helfen. Zwei Ratschläge, die ich beim Stöbern in alten *Gartenwinken* der Abtei Fulda fand. Auch wird dort gesagt, daß von Monilia befallene Bäume fast immer auf Wasseradern stünden und man sie umpflanzen sollte, wenn die Möglichkeit dazu besteht (dies ist sicherlich nur bei ganz jungen Bäumen praktizierbar). Früher hätte ich dieser Empfehlung wohl weiter keine Beachtung geschenkt, heute aber, da Rutengänger nicht mehr in Bausch und Bogen ins Fabelreich verwiesen werden und selbst Wissenschaftler sich mit dem Problem der Erd- und Wasserstrahlungen befassen und ihre Wirkungen erforschen, würde ich doch bei der Neuanlage eines Gartens empfehlen, einen Rutengänger um Rat zu fragen, um so den günstigsten Standort für einen Sauerkirschbaum herauszubekommen und diese Pilzkrankheit mit ihren verheerenden Auswirkungen von Beginn an wirkungsvoll zu bekämpfen.

Auf dem Weg zu meinem Holzplatz, wohin ich die kranken Äste bringe, um sie gleich zu verbrennen, pflücke ich im Vorübergehen einige Blätter der roten Johannisbeeren. Die Rotfärbung der Blätter zeigt an, daß sich die rote Johannisbeermilbe auch dieses Jahr wieder eingefunden hat, allerdings doch in geringerem Maße, als dies in anderen Jahren der Fall war. Auch hier ist der einfachste Weg, die befallenen Blätter sofort abzupflücken und zu verbrennen.

Sicher waren im letzten Herbst einige befallene Blätter unter den Sträuchern liegengeblieben, und so hatten die Milben gute Überwinterungschancen.

Ich nehme mir vor, in diesem Jahr genau acht zu geben und jedes rote Blatt sofort zu entfernen. Während ich so durch meine Buschreihen gehe, hier pflückend, dort zupfend und sammelnd, höre ich von jenseits des Zaunes ein Kichern, und der Nachbar, der mich hinter seiner schützenden Hecke wohl beobachtet hatte, meinte: „Sieh mal an! Es ist ja wirklich erstaunlich! Da ist die Frau Schröder also jetzt schon am Beerenpflücken. Es muß ja wohl allerhand dran sein an Ihrer Mulchmethode."

Ja, ja, die Schadenfreude! Sie ist halt immer noch eine der reinsten Freuden! Ich muß wohl in Zukunft damit leben, daß all meine Erfolge, aber ganz besonders auch meine Mißerfolge kritisch beobachtet werden. Ich tröste mich mit Wilhelm Busch, der da meint:

Wenn dich die Lästerzunge sticht
So laß es dir zum Troste sagen,
die schlechtesten Früchte sind es nicht
woran die Wespen nagen!

Unterwegs beim Kaufmann traf ich eine alte Freundin, die ich im Herbst mit meinem Enthusiasmus angesteckt hatte und die meinem Beispiel mit der *Mulchtotal-Methode* gleich gefolgt war. Doch nun sah sie mich vorwurfsvoll an und erzählte mir, daß jemand ihren Salat abgeknabbert hätte!

Da konnte ich sie aber doch ehrlichen Gewissens beruhigen. Zwar bin ich überall als „Grünfresserin" bekannt - aber das war ich nun bestimmt nicht!

Schnell lief ich nach Hause, um meine Beete zu inspizieren. „Denn vielleicht, indem wir hoffen, hat uns Unheil schon betroffen!"

Doch meine Pflänzchen standen schön in Reih und Glied, keine Schnecke weit und breit.

„Aha", dachte ich mir, „so ist das also: in Zukunft werden die Leute schnell einen Sündenbock zu finden wissen, wenn sich trotz - oder wegen - der *Mulchtotal-Methode* ein Mißerfolg einstellt, nämlich *mich!*

Woche 20

Meine erste „offizielle" Besucherin in diesem Frühjahr hat sich angesagt, ich bin ganz aufgeregt: ausgerechnet eine Amerikanerin, die sich gerne einen Mulchgarten in Old-Germany anschauen möchte. Sie selbst bearbeitet den ihren schon seit Jahrzehnten auf diese Weise und kann sich überhaupt nichts anderes vorstellen als diese Methode, wie sie mir am Telefon gesagt hatte.

Natürlich kam sie nicht nur wegen meines Gartens hierher nach Deutschland, sondern besuchte eine liebe alte Freundin von uns beiden in Tübingen. Daß die beiden Damen (die Freundin ist immerhin über 80 Jahre alt) den weiten Weg von Süddeutschland her bis ins Weserbergland nicht scheuen, macht mich doch etwas stolz und glücklich. Ich werte es als gutes Omen und vielversprechenden Auftakt für meinen diesjährigen „Besuchersommer".

Schnell gehe ich hinunter, um zu sehen, ob auch alles in Ordnung und vorzeigbar ist.

Natürlich haben mir meine speziellen Freunde, die schwarzen Gefiederten, wieder sehr viel Unordnung in mein System gebracht. Meine soeben gerade aus der Erde gekrochenen zarten Spinatpflänzchen sind fast unter dem Stroh begraben, da haben die Amseln mal wieder nach Würmern gescharrt. Ich befreie die Pflänzchen vom Stroh und gehe seufzend zum Geräteschuppen, um ein Netz herauszuholen und das Spinatbeet zu bespannen. Ich hatte wieder einmal vergeblich gehofft, mir diese Mühe sparen zu können. Als ich die Tür zu meinem Schuppen öffnete, machte ich eine erstaunliche Entdeckung, die mich sofort wieder versöhnlich mit der Vogelwelt stimmte. An der hinteren Wand habe ich meine Gartengeräte aufgehängt und oben ist ein Brettchen angebracht für die Schrauben. Ausgerechnet dieses Brettchen hatte sich ein Vogel (noch konnte ich nicht erkennen, was für einer) für sein Nest und seine Wochenstube ausgesucht. Ich sah nur das kleine, dunkle Köpfchen des Weibchens, das da am Brüten war und die gespannten, ängstlichen Äuglein, die mich beobachteten und aus denen die bangen Frage sprach: „Werde ich auch nicht gestört oder gar vertrieben werden?"

Ich war ganz gerührt und sehr froh, daß es gewiß keine Amsel ist, die da ihren Mutterpflichten nachkommt, sonst wäre ich vielleicht - nach dem vorangegangenen Ärger - in einen Gewissenskonflikt geraten. Ganz behutsam griff ich mir mein Netz, das glücklicherweise in Reichweite lag und zog mich so leise wie möglich wieder zurück. Ich hatte einige Tage das Gartenhäuschen nicht betreten, so konnte der Vogel unbemerkt und bequem durch eine Spalte zwischen Wand und Dachsparren ein- und ausfliegen.

Konnte ich mir einen überzeugenderen Beweis für meine Aussage wünschen, daß man durch die *Mulch-total-Methode* in Zukunft auf manch teures Gartenwerkzeug verzichten kann?

Allerdings mag ich immer noch nicht recht daran glauben, daß mein Vorschlag wirklich auf Gegenliebe stößt. Ich beobachte immer wieder (und kann mich selbst auch nicht ganz davon ausnehmen), mit welcher Freude das komplizierteste - und allzuoft auch unnützeste - Werkzeug angeschafft wird, um dann mehr oder weniger oft - meist weniger - auch damit zu arbeiten. Das gilt für Hobbygärtner ebenso wie für die darin noch extremeren sogenannten Heimwerker). Ich möchte behaupten, daß das Hantieren mit den Werkzeugen und die Tatsache, daß man sie besitzt, allein schon einen Großteil des Vergnügens ausmachen.

So gesehen haben Werkzeuge natürlich durchaus ihre Bedeutung und Berechtigung, denn Freude soll die Arbeit ja machen. Und wenn dadurch in Zukunft noch viel mehr Menschen (ich meine vor allem Männer) als bisher dazu animiert werden, sich der rundum sinnvollen Gartenarbeit zuzuwenden, möchte ich wirklich nichts dagegen gesagt haben.

Doch zurück zu meinem inspizierenden Gartenrundgang, der im Hinblick auf den „hohen Besuch" diesmal besonders kritisch ausfällt.

An den jungen Triebspitzen eines Apfelbaumes entdecke ich leichten Mehltaubefall. Da ich keine Brühe zum Spritzen parat habe, greife ich für heute lieber zur Schere und schneide die betroffenen Stellen ab. Manchmal ist diese einfache Maßnahme, wenn die Bäume nicht zu groß und die Stellen nicht zu zahlreich sind, auch schon ausreichend. Das gleiche gilt für Läusebefall, der sich ebenso meist zuerst an den Blattspitzen zeigt. Wichtig ist nur, daß die kranken und befallenen Äste und Blätter immer sofort verbrannt werden, damit sich die Pilze oder Schädlinge über den Boden nicht wieder ausbreiten können.

Auf alle Fälle werde ich gleich noch eine Schachtelhalmbrühe ansetzen. Wie gut, daß ich im vergangen Sommer (alle Monate ohne „r" - also Mai bis August - sind zum Sammeln von Schachtelhalm gut) genug davon gesammelt und getrocknet habe. Im nahen Wald stehen sie mancherorts in großen Mengen.

Woche 21

Vor einigen Tagen sind meine Kiwipflanzen eingetroffen, ich mache mich gleich an die Arbeit und pflanze sie sehr sorgfältig und genau nach der mitgelieferten Anleitung ein. Ich möchte ja schließlich, daß die kostbaren - und nicht billigen - Gewächse gut gedeihen. Gerade, als ich die dafür erforderliche Pflanzgrube ausheben will, das Stroh, das den Platz, den ich dafür vorgesehen habe, den Winter über schön unkrautfrei gehalten hat, beiseite räume und die ersten Spatenstiche mache, kommt eine Nachbarin vorbei. Sie ist noch neu in der Gegend und kann sich kaum fassen über meine Erde, die da unter der Bedeckung zum Vorschein kommt: wunderschöne, dunkle, feuchte, krümelige Erde; und das nach wochenlangen Trockenheit!

„Was für eine wunderbare Erde haben Sie!", ruft sie ganz erstaunt aus. Ich erkläre ihr, daß es ganz genau die gleiche Erde sei, die sie auch habe. Die ihre aber hat den ganzen Winter und das überaus sonnige Frühjahr über nackt, umgegraben, ungeschützt und allen Witterungseinflüssen ausgesetzt dagelegen. Kein Wunder, daß die Erde sich in trockene, mit tiefen Rissen durchzogene Lehmklumpen verwandelt hat.

Wie dankbar war ich und wie sehr freute ich mich über meine „gute Mutter Erde", von unzähligen Würmern bevölkert, die sich andernorts schon in tiefe Bodenschichten zurückgezogen hatten. Frohgemut vollendete ich meine Pflanzarbeit, mit mir und der Welt zufrieden.

Unter den Beerensträuchern sah ich, daß sich die hübschen, grünen Spitzen des kriechenden Hahnenfußes, dreiblättrig gegliedert und mit helleren Farbtönungen durchsetzt und die ihm ähnlichen, aber dunkleren und einfarbig gehaltenen Spitzchen des Giersch mit seinen vielen Zäckchen am Ende der Blätter wieder durch die Mulchschicht hindurchzuwinden begannen. Beide gehören zu den hartgesottensten Bewohnern meines Gartens, selbst die dichten Strohbündel, unter denen ich sie im Winter an einigen Stellen begraben hatte, konnten ihnen noch lange nicht den Garaus machen.

Vielleicht müßte ich mich doch einmal damit beschäftigen, sie durch homöopathische Potenzen ihrer eigenen, vergorenen Blätter einzudämmen. Ich weiß, daß es solche Versuche gibt, aber vorerst verlasse ich mich doch lieber auf mein Stroh und breite erneut eine dicke Schicht darauf aus. Was bei allen anderen Wildkräutern bestens klappt, nämlich sie samt Wurzel herauszuziehen, wenn sie sich aus der Mulchschicht emporwagen, ist hier vergebliche Liebesmüh. Man bekommt die weitverzweigten, unterirdischen Wurzelausläufer einfach nicht aus dem Boden.

Die Himbeeren unten in der Senke sehen mir nicht sehr gut aus, sie haben wohl unter stauender Nässe gelitten. Ich hole den Behälter mit Holzasche aus dem Keller, die ich den Winter über von meinem Kachelofen gesammelt habe, und jede Staude bekommt einige Schaufeln um die Ruten herumgestreut. Ich gebe die Holzasche einfach auf das Stroh, es ist noch nicht sonderlich verrottet und deshalb noch sehr porös. Der nächste Regenguß wird die Holzasche dann an die Wurzeln bringen, sollte das wider Erwarten nicht der Fall sein, helfe ich mit der Gießkanne oder dem Schlauch nach. Doch im Augenblick haben wir ja keinen Mangel an Feuchtigkeit. Himbeeren lieben die Holzasche sehr, man kann direkt zusehen, wie sie sich unter den Gaben erholen.

Der Boden scheint mir nun auch genügend erwärmt, um weitere Aussaaten vorzunehmen. Eigentlich hatte ich das schon vor zwei Wochen tun wollen, es aber wegen des Moniliabefalls an den Sauerkirschen verschoben, da mir die Bekämpfung dieser Krankheit dringender erschien. Auch war mir die Witterung noch nicht günstig genug.

Nun bringe ich also die Möhrensaat in die Erde, immer abwechselnd mit Zwiebeln, Salat und Radieschen. Erbsen werden unter das Stroh auf die Erde gelegt und wieder zugedeckt.

Aus Schaden klug geworden, lege ich vorsichtshalber ein altes Stück ausgediente Gardine darüber, denn meine ersten Erbsen hatten mir die Amseln ziemlich vollständig herausgeholt. Nach Westen, der Wetterseite zu, stapele ich entlang der Erbsenreihe einige Ballen Stroh, die ich im Augenblick noch übrig habe. Hier können sie zunächst erstmal als Wetterschutz dienen. Später, wenn die Erbsen dann hochwachsen, können sie sich an den Ballen hochranken, das lästige Reisersammeln und -stecken fällt ganz einfach weg.

Auch Auspflanzungen kann ich jetzt vornehmen. Im Schutze meines Saat-beetes warten Blumenkohl, Kohlrabi, Wirsing, Rotkohl, Butterkohl und Sellerie darauf. Mit Hilfe meiner bewährten Pflanzmethode (siehe Seite 88) geht mir diese Arbeit zügig von der Hand.

Eine dritte Generation Salat kommt noch auf das Beet, von der ersten kann ich bereits fleißig ernten. Sie ist zwischen dem Stroh prächtig herangewachsen, sehr zart und ohne Läuse und ein wirklicher Genuß. Die zweite Salatgeneration steckt noch in ihren „Minigewächshäusern", unbehelligt von den Nachtfrösten der ersten Maitage, denen bei einer Nachbarin sämtliche Kopfsalatpflanzen zum Op-fer fielen.

Meine Schachtelhalmbrühe, die ich vergangene Woche angesetzt habe, ist nun auch soweit gediehen. Sie ist dunkel gefärbt und schäumt nicht mehr. In der Verdünnung 1:5 kann ich damit den von Mehltau befallenen Obstbaum spritzen. Ich gebe etwas Wasserglas dazu, das genau so wie der Schachtelhalm sehr kie-selsäurehaltig ist und das Spritzgut besser haften läßt sowie ein wenig Steinmehl oder Humofixwasser, das den Geruch bindet.

Bei Schachtelhalmspritzungen ist wichtig zu wissen, daß man - im Gegensatz zu allen anderen Spritzungen - bei vollem Sonnenschein arbeiten sollte, am besten eignen sich die Vormittagstunden.

Nun ist es auch an der Zeit, die Tomaten an ihren „Stammplatz", den sie allen anderen vorziehen, zu bringen (siehe auch Seite 102), ebenso wie Zucchini, Kür-bisse und Melonen und Paprika.

Woche 22

Wegen anhaltender Trockenheit haben die Bauern schon große Schäden an den Feldfrüchten zu beklagen, und auch in den Gärten sehe ich die Leute allabendlich mit der Gießkanne hantieren. Die Erde ist steinhart und verkrustet und zeigt mancherorts tiefe Risse.

Kein Wunder also, daß die Vögel des ganzen Dorfes, so habe ich den Eindruck, sich in Magda Schröders Mulchgarten ein Stelldichein geben. Nicht nur, daß die klugen Tierchen wissen, daß in einem Biogarten die gesündesten Früchte wachsen, nein, sie haben auch ebenso schnell herausgefunden, wo auch bei größter Trockenheit noch die saftigsten Würmer zu finden sind. Diese haben sich sonst überall tief in den Boden verkrochen, aber bei mir ist das anders.

Hatte ich doch lange großes Verständnis für die Vögel und ihre Nahrungssorgen, so wurde es mir jetzt aber doch zu bunt: eine Amsel scharrte mir, während ich an meinem Gurkenbeet arbeitete und ihr nur einen Augenblick den Rücken kehrte, meine gerade zum zweitenmal gepflanzten Setzlinge einfach aus der Erde.

Ich legte mich regelrecht auf der Lauer und verjagte sie mit Droh- und Schimpfkanonaden. Doch sie kamen immer wieder. Und irgendwann wurde ich doch wieder sehr, sehr nachdenklich. Es war ein Weibchen gewesen, das da all seine Angst und Scheu beiseite gelassen hatte, um an Futter für seine Brut zu gelangen.

Plötzlich erwachte wieder ein großes Solidaritätsgefühl in mir. Mir kamen Erinnerungen an die Nachkriegszeit, als wir in einem kleinen Heidedorf evakuiert waren und ich *meine* „Brut" zu versorgen hatte. Ich war damals ganz auf mich allein gestellt und wußte nicht, woher nehmen und nicht stehlen? Ich war oft genug dazu gezwungen, abends, wenn die Kinder in ihren Bettchen schliefen und davon träumten, daß Mutter am nächsten Morgen sicher wieder etwas Eßbares auf den Tisch zaubern würde, auf „Raub" auszugehen, z.B. an die Kartoffelmieten der Bauern. Am Tage ging ich zum Ährenlesen auf die Felder. Wir wurden oft von den Besitzern vertrieben, die sehr wohl wußten, daß wir die Scheren, um die Ähren zu kappen, unter dem Rock versteckt hatten. Wir wurden so verjagt, wie ich es jetzt mit den Amseln tat. Kein jüngerer Mensch hier bei uns kann sich vorstellen, wie das damals war und zu welchen Mitteln einen der Hunger treibt.

Ich beschloß, die Vögel gewähren zu lassen. Es war nicht mehr so wichtig, ob ich nun diesen Sommer viel ernten würde oder nicht. Schließlich brauche ich ja deshalb nicht gleich Hungers zu sterben, sondern kann in den nächsten Laden gehen und mir kaufen, was ich zum Leben brauche. Die Amseln aber...??

Zwei Tage nach meinem Entschluß, die Vögel in Ruhe zu lassen, kam der Regen - schöner, sanfter, warmer Regen. Ungehindert fand er seinen Weg durch das Stroh, der noch feuchte Boden nahm alles sofort auf und die Pflänzchen schluckten, schluckten, schluckten. Von dem Augenblick an, wo der Boden nicht mehr nur in meinem Garten, sondern wieder überall feucht war, ließen die Vögel - von gelegentlichen kurzen Besuchen abgesehen - mein Revier in Ruhe. Ich hoffe, sie haben ihre Jungen gut über die Durststrecke gebracht. Ich wünsche es ihnen, wohl wissend, daß es im nächsten Sommer eben diese sind, die mir vielleicht wieder den gleichen Ärger bescheren.

Das Amsellied, dem ich am Abend auf meiner Terrasse sitzend lausche, läßt mich alle Unbill vergessen.

Woche 23

Ich bin wieder einmal ein paar Tage unterwegs gewesen, und als ich zurückkehrte, begrüßte mich mein Garten, als wäre ich wer weiß wie lange fortgewesen. Die Freude war auf beiden Seiten groß.

Als erstes sah ich, daß einiges auf Wasser wartete. Bei der Lage und der starken Sonneneinstrahlung genügt selbst die dicke Mulchschicht nicht mehr, um das Feuchtigkeitsbedürfnis zu befriedigen. Vor allem der Kopfsalat, von dem ich schon ernten kann - schöne, zarte, butterweiche Köpfe - zeigt sich sehr dankbar für einen Regenwasserguß.

Besonders freue ich mich über den „Wildteil" meines Gartens, der eine ziemliche Fläche ausmacht und den ich bestimmt noch etwas erweitern kann, wenn sich die Segnungen der *Mulch-total-Methode* erst voll ausgewirkt haben und ich die Fülle des Ertrages meines Gemüseteiles gar nicht mehr verwerten kann.

Die Wiese steht also in voller Blüte - welch ein Labsal für das Auge nach der Monotonie der Rapsfelder, durch die ich auf meiner kleinen Reise noch vor kurzem stundenlang gefahren bin.

Früher hat mich das immer so entzückt: die weiten Flächen der wie in Plakatfarben getauchten Felder, soweit das Auge reicht. Heute, da ich gelernt habe, ein ganz klein wenig mehr *hinter* die Dinge zu schauen und nicht nur darauf, wie sie sich oberflächlich darbieten, denke ich ganz anders darüber und kann mich über

72

eine bunte Sommerwiese mit ihrer großen Artenvielfalt viel mehr freuen, als über die Einfalt unserer Kulturwüsten.

Daß darin auch die Hauptursache für das Wildsterben zu suchen ist, dem in der Bundesrepublik - und sicher auch anderswo - große Teile der Reh- und Hasenpopulationen zum Opfer gefallen sind, haben Forscher der Universität Göttingen herausgefunden.

Für das Sterben sind Bodenbakterien verantwortlich, die hochgiftige Stoffe im Darm der Tiere erzeugen und sich explosionsartig vermehren, wenn Hasen und Rehe nicht genügend Kräuter und anderes natürliches Futter fressen, sondern rohfaserarme Teile von Kulturpflanzen wie Raps, Weizen oder Gerste.

Trotz dieser Erkenntnis ändert sich nichts. An erster Stelle steht das „Wirtschaftswachstum", ihm hat sich alles zu unterwerfen und das, obwohl es doch offensichtlich keinen Sinn mehr ergibt, immer mehr und mehr zu erzeugen, wir ersticken ohnehin schon im Überfluß. Auf unsere Tierwelt wird keine Rücksicht genommen, sie ist dem Menschen schutzlos ausgeliefert.

Die Bauern, früher die Wahrer und Hüter unserer Natur, können heute nur noch unter äußerster Anstrengung diese Funktion erfüllen, wenn sie versuchen, sich dem Druck der Verhältnisse entgegenzustellen.

Ein Gedicht, verfaßt von einer befreundeten Jugoslawin, kann Ihnen noch besser nahebringen, was ich empfinde:

Dem Bauern
Du Wahrer unserer Kraft, pflüge eine tiefe Furche.
Aus deinem Herzen spricht das einfache Wort voller Gefühl,
unsere wahre Wurzel.
Reichst du mir deine Hand voller Spuren deiner Mühe,
so fühl ich in ihr die Quellen unserer Hoffnung.
Viele haben Heldenlieder geschrieben. Wenn ich ein
Dichter wäre, würde ich meine Lieder der Erde und
ihren Bauern widmen.
Mit diesem Lied käme ans Licht die alte Bauersfrau
aus ihrem vergessenen Halbdunkel-
der alte Bauer, die Geschichte seiner Jugend erzählend.
Der Hahn kräht der Morgenröte zu, das Blöken und Muhen
verabschiedet die Sonne beim Untergang.
Meine Kindheitserinnung erklingt in diesen Bildern.
In der Erinnerung lebt das Werk unserer Vorfahren weiter,
welches zu erlöschen schien in der Vernichtung des grausamen Krieges.
Es bleiben nur Gebeine und Asche.
Nun richten sich meine Zeilen gegen die Machtherrschaft
welche jetzt mit ihren Traktoren zu der Zerstörung und
Vernichtung unserer bäuerlichen Wurzeln führt.

Natürlich können wir nicht zurück in die Zeit, die hier auf so anschauliche Weise lebendig wird, das kann im Ernst auch niemand meinen. Aber es gilt, die Wurzeln wieder freizulegen - sie sind die gleichen wie damals - dies wird zu einer Gesundung unserer Erde führen, mit allem, was auf ihr lebt und atmet.

Woche 24

Im Augenblick muß ich mich wohl sehr in Objektivität üben und mich davor hüten, jeden Erfolg dem Mulchen zuzuschreiben. Aber umgekehrt können auch Fehlschläge und Ausfälle andere Ursachen haben und brauchen nicht unbedingt der Strohdecke angelastet zu werden.

Meine schwarzen Johannisbeeren z.B. haben einen solch reichen Behang wie noch kein Jahr zuvor. Solange ich überhaupt denken kann, mühe ich mich mit dieser Beerensorte ab. Sie ist als sehr vitaminreich bekannt und schmeckt mir auch am besten. Schon früher in Hannover hatte ich meine liebe Not mit ihnen, und das hat sich bislang auch hier - trotz des soviel besseren Bodens - nicht geändert, was immer ich auch an pflegerischen Maßnahmen versuchte.

Dieses Jahr nun scheint es eine sehr gute Ernte zu geben. Allerdings hatte ich im vergangenen Herbst, bevor ich meinen Mulch, vermischt mit halbverrottetem Kompost und Gesteinsmehl auf die Scheiben der Obstbäume und Beerensträucher aufbrachte, den Rat eines alten Gartenfreundes befolgt. Er empfahl mir nämlich, jeden Baum und jeden Strauch vor dem Mulchen noch mit je einer Gießkanne voll satter, kräftiger Lösung *Kalium permanganicum* zu gießen.

Da ist sie nun wieder, die alte Frage, die sich in einem Garten immer wieder stellt: welche der verschiedenen Maßnahmen hat nun wirklich die erstaunliche Fülle des Fruchtbehanges bewirkt?

Ich riskiere einen Blick über den Gartenzaun in Nachbars Garten und auf dessen Johannisbeeren, schaue zurück auf meine, die vor Gesundheit strotzen und konstatiere: Sauerkirschen, trotz *Mulch-total-Methode* wie jedes Jahr von der Monilia befallen, Beerensträucher reichtragend wie nie zuvor, vor allem die sonst stets enttäuschenden schwarzen.

Nun frage ich mich nur noch, warum ich meinen Freund, der seinen riesigen Biogarten zwar sehr erfolgreich beackert, aber doch oft über die viele Arbeit stöhnt, bis jetzt nicht für die Mulchmethode begeistern konnte.

Hält er sich vielleicht mit seinen stolzen 87 Jahren noch für zu jung, um sich schon nach Arbeitserleichtungen umzuschauen? Oder ist er zu alt, um sich für Neues begeistern zu können?

Woche 25

Die Hitze dieses Sommers ist für uns „Nordländer" ganz und gar ungewohnt, jegliche Gartenarbeit verbietet sich von selbst. Außer dem morgend- und abendlichen Angießen der Jungpflanzen und der Tomatenpflanzen, die unter der Trockenheit sichtbar leiden, bin ich von der Praxis befreit. Ich wende mich also vorübergehend mal wieder mehr der Theorie meines Mulchgartens zu.

Da mir beide Tätigkeiten - Theorie *und* Praxis - gleichermaßen viel Freude bereiten, bin ich keinesfalls traurig darüber, sondern freue mich von Herzen über den tagtäglich vom blauen Himmel herniederstrahlenden Sonnenüberfluß, ich genieße den Garten im Moment mehr von meinem Schreibplatz aus.

Falls Sie einen sehr großen Garten Ihr eigen nennen, würde ich dazu raten, die Umstellung auf die *Mulch-total-Methode* in Etappen vorzunehmen.

Der Herbst ist gewiß die günstigste Zeit hierfür, und es kann auf gar keinen Fall verkehrt sein, alle freien Flächen zu bedecken. Auf diese Weise finden Sie im Frühjahr ein weitestgehend wildwuchsfreies Land vor und können, sobald es die Witterung erlaubt, mit der Aussaat beginnen,

Außerdem haben Sie den großen Vorteil, daß Sie einige Ihrer Gemüsesorten draußen unter den Strohballen überwintern und so tagtäglich wertvollstes, sommerfrisches Gemüse ernten können. Wie und was man alles vom Sommer bis weit in das Frühjahr hinein unter dem Mulch bergen kann, habe ich ja bereits beschrieben.

Wie Sie es im Sommer halten wollen, ist aus der Ferne nicht so leicht zu beantworten, das ist wohl von Fall zu Fall unterschiedlich zu handhaben. Was in dem einen Garten vorzüglich funktioniert, kann sich in dem nächsten, der ganz andere Bodenverhältnisse aufweist, der sich in einer anderen geographischen Lage befindet und anderen Witterungsverhältnissen ausgesetzt ist, zunächst durchaus als Fehlschlag erweisen.

In den ersten Jahren der Umstellung gilt also: im eigenen Bereich Erfahrungen sammeln! Daß sich der Boden unter einer dicken Mulchdecke langsamer erwärmt, besonders bei nassen und schweren Böden, sagte ich schon. Wer also Wert auf frühestes Gemüse legt, tut gut daran, im zeitigen Frühjahr an manchen Stellen den Mulch beiseite zu räumen, d.h. die Beete in gemulchte und ungemulchte einzuteilen. Die Tatsache, daß sich der Saattermin bei gemulchten Beeten etwas nach hinten verschiebt, ist zwar nicht so gravierend - zumal man ja weit bis ins Frühjahr hinein noch frisches Gemüse ernten kann - doch jeder Gartenfreund hat es nun mal besonders gern, wenn sein Garten möglichst frühzeitig „in der Reihe" ist.

In einem Garten wird es nie langweilig, das ist für mich auch das Faszinierende daran. Kein Gartenjahr gleicht dem anderen und alles - Herz, Hand und Hirn - ist eigentlich gleichermaßen gefordert!

Um eines möchte ich Sie in der Zeit der Umstellung Ihres Gartens nochmals besonders bitten, nämlich um Geduld.

Erwarten Sie nicht zuviel auf einmal. Wenn ich sage: „Gartenarbeit ist ein Kinderspiel", so meine ich damit, daß Sie die *schwere* Gartenarbeit auf ein Minimum beschränken können. Nachdem Sie die *Mulch-total-Methode* eine Weile praktiziert haben, wird sich im Lauf der Zeit bei hohen und gesunden Erträgen auch eine wesentliche Zeitersparnis einstellen. Und das Mulchen wird Ihrem Boden zur Wiederherstellung seiner Gesundheit verhelfen.

Bei der *Mulch-total-Methode* geht es nicht darum, nur auf eine andere, leichtere Art als die bisher übliche möglichst alles aus dem Boden herauszuholen, was er nur herzugeben hat. Genau das haben wir ja nun in vergangenen Zeiten getan. Nein, es geht vielmehr darum, der Erde etwas von dem zurückzugeben, was wir ihr so rigoros weggenommen haben. Das Mulchen ist natürlich nur ein kleiner Schritt in diese Richtung, aber doch ein sehr wesentlicher.

Daß es dabei zunächst einmal auch zu Enttäuschungen und Fehlschlägen kommen kann, ist nicht verwunderlich und sollte keinen verdrießen. Wie alles, so ist auch die Umstellung des Gartens auf die Mulchmethode ein Lernprozeß. Daß sich früher oder später der Erfolg einstellen wird, dessen können Sie sicher sein!

Die Natur ist unendlich geduldig. Wir brauchen ihr nur ein bißchen entgegenzukommen, dann ist sie wieder und wieder bereit, in verschwenderischer Fülle für alles Lebende auf dieser Erde zu sorgen. Nur wenn wir es zu arg mit ihr treiben, wie es der Mensch gerade in den letzten 50 Jahren getan hat, dann fängt sie an, sich zur Wehr zu setzen.

Wir stehen hoch in der Schuld unseres Bodens: wir haben ihn ausgebeutet, mit Gift und Gülle malträtiert und ihm das Letzte abverlangt. Da dürfen wir nicht erwarten, daß er sich von heute auf morgen regeneriert. Es wird eine Weile dauern, doch Sie werden sehen, er wird auch dann wieder bereit sein, uns zu nähren, wie er es immer getan hat. Wir müssen ihm nur Zeit geben.

Wenn das durch die *Mulch-total-Methode* auch noch auf eine solch einfache Weise zu bewerkstelligen ist und obendrein mit Zeit- und Geldersparnis verbunden ist, um so besser!

Woche 26

Ich bin fleißig am Schreiben und Planen, was ich wohl noch besser machen und noch weiter vervollkommnen könnte. Es freut mich, wieviele gute Gedanken mir einfallen und möchte eigentlich jedem den guten Rat geben, ein Buch zu schreiben, wenn ihm eine Sache besonders am Herzen liegt. Man ist gezwungen, sich ganz intensiv mit einem Thema zu beschäftigen und ist ganz erstaunt über die guten Ideen, die einem wie von selbst zufließen.

Ich sitze solange an meinem Schreibplatz, bis mich mein angeborener Bewegungsdrang doch wieder dazu verführt, wenigstens für eine Weile das Schreibzeug mit dem Sauzahn zu vertauschen und so mein Bedürfnis nach körperlicher Betätigung zu befriedigen. Wo sonst wäre der geeignetste Ort für mich, wenn nicht in meinem Garten, wo ich dies auf sinnvolle, nutzbringende und angenehme Weise tun kann?

Zusätzlich animiert mich noch eine Nachbarin dazu, die ich - trotz der Hitze - schon wieder stundenlang arbeiten sehe. Das heißt, ich sehe nur ihren gebeugten Rücken, der sich im Rhythmus ihrer Armbewegungen hebt und senkt. Die Ärmste! Sie meint, gerade jetzt in der Trockenheit müßte man doch die Beete hacken und jäten.

Früher, in meiner „Vor-Mulch-Zeit", habe ich genauso gedacht und gehandelt und auch genauso über meinen Rücken gestöhnt.

Das gelegentliche Aufrichten, wie es allenthalben empfohlen und praktiziert wird, schafft nur vorübergehend eine Erleichterung, mehr nicht!

Schon *Konrad Adenauer*, der ja ein großer Gartenfreund, speziell Rosenzüchter war, klagte bitter darüber, daß die gesamte Gartenarbeit über das Kreuz gehe. Er kannte offensichtlich die Segnungen der *Mulch-total-Methode* noch nicht.

Wenn ich etwas Bodennahes zu tun habe, beuge ich meine Knie und gehe ganz gelassen auf meine Fersen hinunter. Dort richte ich mich häuslich ein, so meine Arbeit verrichtend, wo und wann immer es möglich ist. Diese Angewohnheit hält mich wunderbar elastisch, ich kenne keine Rückenschmerzen mehr, die mich früher schier umgebracht haben. Alle meine Organe bleiben am richtigen Platz, dort wo sie hingehören, eventuelle Verlagerungen werden sogar wieder zurechtgerückt.

Nicht von ungefähr kennen die Frauen des Orients, die diese Art des Sitzens von Kindesbeinen an selbstverständlich praktizieren, all die Unterleibskrankheiten nicht, die für uns Frauen der westlichen Hemisphäre schon fast unausweichlich geworden zu sein scheinen.

Der Mulch tut ein Übriges, daß das Problem Rückenschmerzen, über das wohl fast jeder Gartenliebhaber klagt, der Vergangenheit angehört. Das ermüdende Hacken, das Graben, das Jäten und Kompostieren entfällt ja ohnehin weitgehend.

Woche 27

Es ist wirklich mörderisch heiß in meiner „Sonnenkuhle", und so bin ich froh, daß sich kaum Besucher zu mir heraufwagen - so gerne ich eigentlich Gäste bei mir sehe. Es ist nicht nur schön, seine Erfahrungen an andere weiterzugeben, - nein, den größten Nutzen ziehe ich wohl selbst aus diesem Unternehmen. Ich selbst bekomme viele wertvolle Anregungen und Ratschläge, wobei mir auch Kritik durchaus willkommen ist. Wenn sie objektiv und der Sache angemessen ist, kann man ja daraus nur lernen.

Anfang der Woche hatte ich auch schon „hohen Besuch". Rudolf Meyer war hier, der Vorsitzende des *Deutschen Vegetarierbundes*. Er hatte von meinem Mulchgarten gehört und wollte sich anschauen, was ich so alles bewerkstellige. Er ist selbst ein großer Gartenfreund.

Als er meine vielen Netze sah, die ich zum Schutz gegen die Amseln wieder ausgespannt hatte, erzählte er mir, bei ihm habe sich sogar einmal ein Igel darin verfangen. Sein Garten liegt ein Stück von seiner Wohnung entfernt, und er kommt nicht so häufig dorthin, er konnte das Tier gerade noch befreien.

Bei mir ist diese Gefahr sicherlich nicht so leicht gegeben, da ich - wenn ich nicht gerade auf Reisen bin - jeden Tag mehrmals in den Garten gehe und alles inspiziere. Selbst von meinem Schreibplatz aus kann ich ein großes Stück überschauen.

Aber der Gedanke, daß es uns Menschen nicht gelingt, unseren „Mitgeschöpfen" gegenüber ohne solche „Fußangeln" (im wahrsten Sinne des Wortes) auszukommen, um unser Eigentum zu schützen, hat mich doch wieder einmal sehr erschreckt und traurig gestimmt.

Ein Rotschwänzchen hatte sich bei mir auch schon einmal unter einem Netz verfangen. Es war zwar hineingekommen, hatte aber das Schlupfloch heraus nicht wieder gefunden.

Woche 28

Während der großen Trockenheit der vergangenen Zeit haben sich viele Schädlinge breitgemacht, und auch Krankheiten zeigen sich allenthalben, wie ich bei meinem morgendlichen Gang durch den Garten feststellen muß. Ich fahre also gleich in den nahen Wald und hole mir Schachtelhalm, Hundsfarn, Rainfarn und etwas Schafgarbe für meinen Kräutertee. Mit der Zeit habe ich herausgefunden, daß diese Zusammensetzung eine besonders wirksame Brühe ergibt.

Ich freue mich immer wieder, daß ich beim Bau des Hauses darauf bestanden habe, im Keller einen alten, ausrangierten, mit Holz zu beheizenden Küchenherd älteren Datums installiert zu bekommen. Zwar habe ich dabei damals noch gar nicht so sehr an meine Pflanzenbrühen gedacht, dieser Wunsch war eher ein Überbleibsel aus der Kriegs- und Nachkriegszeit, wo oft die ganze Nachbarschaft um meinen kleinen Kanonenofen im Keller versammelt war, den mein Mann auf einer Baustelle organisiert hatte. Wie froh waren damals die jungen Mütter, wenigstens einen Platz zu haben, wo sie ein Fläschchen für ihre Babys wärmen konnten, war doch ringsumher alles zerbombt und zerschossen.

Jetzt kann ich mir also meine Brühen gleich unten in der Werkstatt auf einer Handvoll Abfallholz aus dem Garten kochen, nachdem ich sie die Nacht über in kaltem Regenwasser habe weichen lassen. Nach etwa halbstündiger Kochzeit lasse ich sie zugedeckt auskühlen, gebe sie durch ein Leintuch, damit mir die Düsen des Spritzgerätes nicht verstopfen können, was leicht passieren kann. Sie sind ja mehr für chemische Präparate, die sich feiner auflösen lassen, gedacht.

Nun aber ans Werk. Aber ach, der alte und ewige Ärger über so manches, von Männerhirnen für Männerhände und deren Kräfte ersonnenes Gerät steigt in mir hoch: nach der ersten Spritzung auf einen Teil der Beete möchte ich die Spritze neu füllen, aber der Schraubverschluß läßt sich nicht öffnen - ein Ärger, den ich nicht das erstemal habe. Dabei war ich so schön in Schwung und voller Tatendrang gewesen!

Aber alles Zureden, alle guten Worte - und auch die weniger guten - helfen kein bißchen. Ich gerate immer mehr in Verzweiflung und der Verschluß der Spritze immer mehr in Opposition.

Ich mußte abbrechen und warten, bis ein hilfsbereiter Nachbar, der abends müde von der Arbeit zurückkommt und gar nicht darauf erpicht ist, von mir behelligt zu werden, mir das verflixte Ding öffnet.

Er hilft mir aber meist bereitwilligst, erfreut über seine Geschicklichkeit und meine offensichtliche Unfähigkeit, solch kinderleichte Dinge zu bewältigen!

Ihr jungen Ingenieurinnen, Konstrukteurinnen, Werkzeugmacherinnen, wo seid Ihr? Ihr würdet einen Orden von mir bekommen, wenn es Euch möglich wäre, Werkzeuge zu erfinden und herzustellen, die auch den schwachen Kräften einer Frau angemessen sind, auch einer alten.

Es wird - das ist eine Entwicklung unserer Zeit - in Zukunft noch weitaus mehr Frauen geben, die ihren Lebensabend allein und ohne männliche Hilfe zu verbringen haben. Wie schön für sie, wenn sie dann ihr Pensum auch schaffen könnten, wenn *kein* hilfreicher Nachbar oder Freund zur Hand ist.

Aber vielleicht ist es gerade auch dies, was mich immer wieder von neuem an der Arbeit im Garten fasziniert: Dieses sich jeden Tag Auseinandersetzenmüssen mit den Erfordernissen der jeweiligen Situation, mit der Natur, die heute vielleicht ein gänzlich anderes Handeln notwendig macht als am Tag zuvor, der veränderten Witterung, dem Auftauchen von Schädlingen und Krankheiten, dem Wachstumsprozeß der Pflanzen, der ein Umsetzen, ein Stützen, eine Hilfestellung durch Düngen, Wässern, Beschneiden erforderlich macht. Vielleicht ist es auch die ständige Herausforderung und die Tücke des Objektes - siehe oben!

Woche 29

Endlich, nach monatelanger Dürre die ersten, zaghaften Regengüsse dieses Sommers! Ich kann mich kaum fassen vor Freude, renne hinaus und lasse das köstliche Naß an mir herunterrinnen - weiß mich eins in der Freude und der Erquickung mit Baum, Strauch, jedem Grashalm und jeglichem Getier in meiner Welt.

Ich freue mich sehr, daß ich in Vorahnung des Kommenden mein letztes Beet, das noch vom Winter her dick mit Stroh bedeckt war, zum Bepflanzen fertig gemacht hatte. Es war gänzlichst frei von Bewuchs, selbst von den hartnäckigsten Wildkräutern war nichts mehr zu sehen. Ich konnte gleich beginnen und brauchte nur mit dem Sauzahn die Reihen zu markieren. Die Pflanzschnur sparte ich mir wieder einmal vor lauter Ungeduld, nun endlich, nach der langen, erzwungenen Wartezeit, das Herbstgemüse aussetzen zu können. Manche Pflänzchen waren ohnehin schon reichlich groß dafür, sie bewurzeln dann nur schwer.

Die Reihen wurden auch entsprechend krumm, doch was schadet das? Wenn der Boden nicht gemulcht wird, ist es sicherlich eine große Hilfe, schnurgerade Reihen zu erzielen, doch bei der *Mulch-total-Methode* entfällt die ewige Hackerei ja, und es spielt keine Rolle, ob meine Kohlrüben, Kartoffeln oder Wirsingpflänzchen wie die Soldaten aufmarschiert stehen oder nicht.

Manchmal, wenn ich abends an Gärten vorbeispaziere, hier über den Zaun gucke, dort meine Augen wandern lasse, wie wohl bei andern Leuten die Dinge so stehen, muß ich mich oft wundern, wie millimetergenau meist alles ausgerichtet ist. Mir wollte das eigentlich in all den Jahren, die ich gärtnere, nie so recht gelingen. Ich frage mich, wieso manche den Bogen so fein heraus haben, oder besser gesagt: die *Gerade*? Aber - ob die Pflanzen selbst das auch so mögen? Tag und Nacht stramm stehen wie eine Eins und niemals heißt es „Rüüührt Euch!"

Ob vielleicht doch etwas Wahres daran ist, was böse Zungen immer behaupten? Daß nämlich in den Deutschen das Militärische mehr verwurzelt ist als in anderen Nationen?

Das ist sicher nur eine böse Verleumdung! Sollte ich nochmals in ein fremdes Land kommen, werde ich dort darauf achten, wie es auf den Feldern aussieht. Meine Pflänzchen jedenfalls werden nicht so gedrillt, und wenn es einem an einer anderen Stelle besser gefällt als dort, wohin ich es gestellt habe, dann lasse ich ihm seine Freiheit!

Nach dieser kleinen philosophischen Einlage aber ans Werk - bevor die Sonne hochkommt und meine Schützlinge anfangen zu welken!

Ich ziehe, entweder mit dem Sauzahn oder dem Spaten, eine nicht zu tiefe Rille. Heute und in diesem Falle bevorzuge ich den Spaten, weil die Erde seit dem vergangenen Herbst unter dem Mulch doch recht verfestigt ist. Regen war darauf heruntergerauscht und die ganzen Strohballen, die ich zur Niederhaltung des Wildwuchses dort eingesetzt hatte, taten ein übriges.

Beim Einstechen bewege ich den Spaten gleich nach beiden Seiten ein wenig hin und her, um die Erde zu lockern; mehr ist nicht nötig. Dann gehe ich mit einer Kanne voll Gießwasser die Furche entlang und fülle sie auf. Die Setzlinge werden im richtigen Abstand an den Rand gelegt, möglichst mit recht viel „Fuß" dran, d.h. mit soviel Erdreich an den kleinen Wurzelballen wie irgend möglich. Anschließend gehe ich die Rille entlang und drücke mit dem Daumen jede Pflanze etwas hinein, um dann, den Weg noch einmal zurückmarschierend, mit dem Fuß das Erdreich an das Pflanzgut zu treten.

Dies ist meiner Erfahrung nach die einfachste und sicherste Art, zu pflanzen. Ein alter Gärtner hat sie mich vor vielen, vielen Jahren, als ich noch ein Neuling war, gelehrt. Ich habe sie durch all die Jahre getreulich befolgt und so gut wie nie Ausfälle gehabt.

Zuerst, daran erinnere ich mich gut, schien mir die Methode recht gewalttätig zu sein, als ich sah, wie er da die kleinen, zarten Würzelchen mit seinen schweren Gärtnerstiefeln (Schuhgröße 46, schätze ich) malträtierte.

Sie liegen zuerst auch ziemlich schief auf der Erde, aber keine Angst! In einigen Tagen haben sie sich vollständig aufgerichtet und sind bestens angewurzelt, vorausgesetzt, an diesen wenigen Tagen hat man sie gut mit Wasser versorgt. Eine wirklich sehr zeitsparende und sichere Methode. Wahrscheinlich gelangt so mehr Luft an die Wurzelballen, als wenn man sie einzeln mit dem Setzholz in die

Erde gibt, und durch die gegrabene Rille dringt auch das Wasser viel besser an die einzelne Pflanze heran.

Eigentlich wäre meine Arbeit damit für heute getan, aber ich traue dem Frieden doch noch nicht so ganz.

Jetzt, nach den ergiebigen Regengüssen der letzten Tage mögen sich aus der Umgebung, angelockt durch die für sie verführerischen Kohldüfte doch einige Schnecken auf den Weg gemacht haben und morgen finde ich dann vielleicht nur noch die Strünke vor (wie das in der Vergangenheit nicht selten der Fall war...). Ich könnte ja meine „Minigewächshäuser" einsetzen, doch sind diese wohl mehr für den Frühling und Vorsommer geeignet. Jetzt, in diesen glutheißen Hochsommerwochen, habe ich Bedenken, es könnte den zarten Gewächsen darunter zu heiß werden, und sie könnten mir verbrennen.

So gehe ich lieber daran und streue um jeden „Neuling" einige Handschaufeln scharfen Sand, den ich für diesen Zweck immer bereitliegen habe. Die Schnecken verlieren auf ihrem Weg darüber zuviel Schleim und verzichten deshalb lieber auf ihre Leckerbissen. Sand hat gegenüber anderen Materialien, die man für diese Zwecke auch einsetzen kann, z.B. Gesteinsmehl, Asche, Kalk oder Kaffeesatz, den Vorteil, daß er auch bei Regengüssen seine Wirksamkeit behält, während die anderen „Schneckenfernhalter" dann immer wieder ergänzt werden müssen. Sand ist ohnedies in einem Lehmboden, wie wir ihn in unserer Gegend haben, nie verkehrt, man kann ihn gar nicht häufig genug auf die Erde bringen, um sie aufzulockern und hat damit gleich einen doppelten Effekt. Im Laufe meiner Mulchpraxis wird sich auch dieses Problem lösen, dessen bin ich gewiß. Sand ist ja auch nicht gerade billig und außerdem für mich, besonders auf dem abschüssigen Gelände hier, sehr schwer zu transportieren.

Woche 30

Hohe Zeit des Sommers, die Zeit, wo auch die geschäftigste Gärtnerin einmal ihr Werkzeug aus der Hand legt, um in Ruhe ihren Garten zu genießen und sich nach der Hektik der Frühjahrsbestellung ein Päuschen zu gönnen.

Das Land schlummert unterm Stroh friedlich der Ernte entgegen. Die brennende Augustsonne kann meinen Kulturen nichts anhaben. Die Gießkanne, sonst in dieser Zeit ein unersetzliches Requisit, macht in den schönsten Wochen des Jahres genauso Ferien wie ich es tue.

Auch die Herbstbestellung ist abgeschlossen. Die Bepflanzung der Beete mit Herbst- und Wintergemüse ist beendet und kann wohlversorgt zwischen der Mulchdecke heranwachsen.

Ich liege im Gras unter dem Apfelbaum, der ab und zu einen seiner reifen Augustfrüchte mit einem leisen „plop" zu meinen Füßen fallen läßt, höre dem Gesumm und Gebrumm der Bienen und Hummeln zu, die sich im nahen Quendelgesträuch ein Stelldichein geben und träume in den Sommerhimmel hinauf, der sich tiefblau mit weißen Wolkensegeln über mir wölbt.

Mein nie verlorenes Paradies!

Ich denke, jetzt wäre die richtige Zeit, einmal Revue passieren zu lassen. Ich gönne mir die Ruhe, richte mir unter meinem Apfelbaum eine „Schreibklause" ein und zeichne noch etwas genauer auf, wie ich mit meinem Gemüse verfahre und wie es ihm mit meiner Mulchpraxis ergangen ist. Ich habe Ihnen ja versprochen, Sie am Werden und Gedeihen, aber auch den Mißerfolgen meines Mulchgartens teilhaben zu lassen.

Spargel

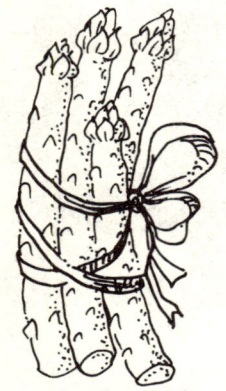

Das erste Gemüse, das uns nach der langen Winterpause zur Verfügung steht, bekommt auch den ersten Platz in meiner Aufstellung.

Bei mir im Garten steht *Grünspargel*, den ich aus vielerlei Gründen bevorzuge. Der Anbau und die Pflege dieser ursprünglichen Form des begehrten Gemüses stehen in keinem Verhältnis zum Zeit- und Kraftaufwand, den sein bleicher, luxuriöser Bruder verlangt. Er ist nahrhafter und heilkräftiger, intensiver im Geschmack und reicher an Mineral- und Vitalstoffen. Bekannt ist seine günstige Wirkung bei Nieren-, Blasen und Lebererkrankungen. Der Vitamin-C-Gehalt liegt wesentlich höher als beim gebleichten Spargel, während Vitamin A und Chlorophyll allein dem Grünspargel vorbehalten sind.

An den Boden stellt er keine großen Ansprüche. Ein normaler Gartenboden, noch dazu durch ständiges Mulchen mit reichlich Humus versorgt, genügt ihm vollauf. Heu statt Strohmulch behagt ihm, ich erwähnte es bereits, besonders. Im Herbst gut damit eingedeckt, arbeitet er sich im Frühjahr frohgemut ans Licht des Tages (erster Erntetag in diesem Jahr: 22. April). Da ich zwei Reihen Spargel habe, lege ich, je nach Witterung, etwa Anfang März, die vorderste Reihe an der Sonnenseite frei, damit der Boden sich erwärmen kann und die ersten Strahlen die Stangen hervorlocken. Dieser kleine Trick verhilft mir zu einer längeren Erntezeit, die ja bei Spargel (das gilt für beide Sorten) nicht über Johanni (24. Juni) ausgedehnt werden soll. Da die zeitliche Verzögerung zu dem gemulchten Beet etwa 14 Tage beträgt, kann ich den Spargel der zweiten Reihe also auch entsprechend länger ernten.

Beim Ernten entfällt das mühsame und sogar oft die Spitzen beschädigende Stechen mit dem Messer. Ich breche einfach im Vorübergehen die Stangen an der Stelle ab, wo der holzige Teil beginnt. Auch das Schälen entfällt weitgehend.

Nach der Ernte bekommt jede Pflanze eine gute Schaufel voll Algenkalk und Gesteinsmehl, die Mulchdecke wird wieder drumherumgelegt bzw. - wenn nötig - erneuert, und fertig ist die ganze Arbeit. Ich brauche dann nur noch die hochwachsenden Pflanzen an die Stäbe zu binden und auf Schädlinge und Krankheiten zu achten. Da ist vor allem der *Spargelrost*, der meist im Juli auftritt, und sich zuerst in weißlichen Flecken zeigt, die sich später rot färben. Ich komme ihm mit zeitigen Spritzungen mit Zinnkrauttee zuvor und habe keine Last damit. Anders sieht es mit den *Spargelfliegen* aus, sie haben mir in einem Sommer während einer kurzen Abwesenheit meine Spargelreihen völlig kahlgefressen. Ich widme ihnen seitdem besondere Aufmerksamkeit, doch ich sah in diesem Jahr nur vereinzelt eine Larve, die als schwarzes Pünktchen auf dem zarten, frischen Spargelgrün gut zu erkennen ist. Ich verabreichte dem Spargel einige Tage hintereinander Brennesselspritzungen und - wie freute ich mich - schon waren auch die Marienkäferchen zur Stelle, manchmal aufgereiht wie Perlen an einer Schnur und erledigten für mich die „Entsorgung".

Im Herbst, wenn das Kraut abgestorben ist, kann ich mir die Arbeit des Abschneidens und Verbrennens ersparen. Ich nehme lediglich den Mulch beiseite, biege die Stengel herunter auf die Erde und lege das Heu wieder darüber, - mein Spargel kann in den Winterschlaf gehen!

Wichtig ist natürlich auch, daß der Spargel - wie alles andere im Garten, den richtigen Standort hat. Ich habe ihm einen sehr sonnigen Platz eingeräumt, genau wie den Erdbeeren. Dann kann der Erfolg nicht ausbleiben!

Erdbeeren

Nach dem langen und sehr nassen Frühjahr hatte ich zuerst Kummer damit. Für den Winter hatte ich das Stroh ziemlich dick über die gesamte Fläche gebreitet, und als ich es im März beiseite räumte, um frisches zwischen die Reihen zu legen, sahen mir die Pflanzen sehr kümmerlich aus. Doch unter der Einwirkung der wärmenden Sonnenstahlen erholten sie sich zusehends. Sie bekamen mehrere kräftigende und vorbeugende Brennessel- und Schachtelhalmgüsse, dazwischen auch einen einmaligen Guß mit Humofixwasser, der sie zu kräftigem Wachstum anregte.

Als dann die ungewöhnlich heißen Tage des Frühjahres über uns hereinbrachen, standen meine Erdbeeren in voller Pracht und Blüte. Kein „Unkräutlein" war dazwischen zu sehen, und wenn sich wirklich einmal eines ans Tageslicht wagte, war es eine Kleinigkeit, es in dem feuchten Untergrund mit „Stumpf und Stiel" herauszuziehen.

Die Ernte fiel dann auch sehr zufriedenstellend aus. Zwar war sie wegen der einsetzenden Trockenheit nicht so reichlich, auch blieben die Früchte kleiner als in anderen Jahren, dafür waren sie aber ungewöhnlich süß und wohlschmeckend. Zwischen die Reihen und auch an Anfang und Ende des Beetes hatte ich ein „Spalier" von Knoblauchzehen gesetzt. Diese Nachbarschaft sagt ihnen sehr zu und hält Schnecken fern. Die leckeren roten Beeren lagen so appetitlich auf dem gelben Stroh, daß man sie gleich frisch vom Stengel weg in den Mund stecken konnte.

Was aber das Schönste für mich war, der gefürchtete *Grauschimmel*, der sich sonst mit schöner Regelmäßigkeit mit dem um die Erntezeit meist einsetzenden Sommerregen einfand, blieb vollständig aus. Ich muß natürlich fairerweise einräumen, daß dies sicherlich nicht *nur* mit dem Mulch zusammenhing, sondern gewiß auch an dem ungewöhnlich schönen, trockenen Wetter lag.

Schon bald nach der Blüte - Ende Mai bis Juni - bilden die Erdbeerwurzeln ihre Jungtriebe aus und schicken die Ausläufer auf die Reise. Ich habe mir angewöhnt, sie gleich beim Pflücken mit der Hand auszugeizen und kann mir so den mühsamen späteren Arbeitsgang ersparen. Solange die Triebe noch jung sind, kann man sie leicht mit Daumen und Zeigefinger abkneifen, man braucht kein Werkzeug. Die Ausläufer lasse ich an Ort und Stelle auf dem Stroh liegen. Wenn ich vorhabe, ein neues Beet anzulegen, verwende ich die kräftigsten Triebe. Sie werden an einem schattigen Platz in Sand eingeschlagen und gut feucht gehalten, bis ich sie im August dann einpflanze.

Ist die Ernte vorüber, schneide ich die Pflanzen mit einem großen Messer einige Zentimeter über dem Boden ab und lege das Grün auf die abgeschnittenen Flächen, nachdem ich diese mit etwas Gesteins-, Knochen-, Blut-, oder Hornmehl gedüngt habe. Auch das abgeschnittene Grün führt den Wurzelballen wieder Nährstoffe zu, und sie können sich erholen, bis sie im Herbst dann wieder endgültig ganz mit Mulch zugedeckt werden und neue Kräfte für das nächste Jahr sammeln können. Mit meinen Monatserdbeeren verfahre ich auf genau die gleiche Weise, die Ernte setzt meist um die Zeit ein, wenn die normale Erdbeerzeit vorbei ist, so daß ich dann bis in den Spätherbst hinein mit diesen leckeren Früchten versorgt bin.

Zeigen möchte ich Ihnen gerne noch meinen Walderdbeerhang. Den ganzen Weg von der Straße bis hinunter in den Garten haben sich rechts und links des Weges Walderdbeeren angesiedelt, ich weiß gar nicht, wie. Sie müssen als einzelne Pflänzchen dorthin gelangt sein und haben inzwischen die gesamte Fläche dicht an dicht bewuchert. Jeder Besucher meines Gartens wird empfangen von diesen kleinen, hocharomatischen Früchten und kann sich, angelockt von ihrem köstlichen Duft gleich eine „Wegzehrung" pflücken.

Beides, der Standort und die Bodenverhältnisse, muß dieser Spezies wohl außerordentlich zugesagt haben, die Walderdbeeren bekommen weder Pflege, noch Dünger und Bewässerung. Und doch gedeihen sie unentwegt - ganz umsonst! Ich jedenfalls habe Ähnliches - außer natürlich im Wald - noch nirgendwo gesehen. Schon mancher meiner Besucher hat sich eine Handvoll Beeren und ein paar Ableger für den eigenen Garten mit auf die Heimreise genommen.

Möhren

Möhren, Karotten, Wurzeln oder Gelbe Rüben, wie man in Bayern sagt, gehören zu den meistangebauten Gartengemüsen und auch zu den von mir am meisten bevorzugten Früchten, aber leider in der Vergangenheit auch zu denen, die mir immer Schwierigkeiten in der Anzucht bereiteten. Das ganze Jahr über habe ich sie gerne, sei es als Rohkost geknabbert, als Saft getrunken oder als Gemüse verspeist. Mit ihrer schönen, goldgelben Farbe können sie auch rein optisch ein sonst trist wirkendes Gericht aufwerten.

Doch schon in unserem Garten in Hannover, wo der Boden bereits leichten Heidecharakter besitzt und wenig ergiebig ist, gediehen sie mir nie zur Zufriedenheit. Meistens waren sie verwurmt und zerfressen.

Hier, bei unserem schweren Lehmboden („Gottes eigenstes Erdreich", wie es ein Besucher einmal ausdrückte angesichts der fetten, mit Würmern - so groß und dick wie kleine Eidechsen - durchsetzten Erde) hat sich manches geändert. Aber der große Druchbruch kam doch erst, als ich den Wink mit der Zwiebelbrühe erhielt (siehe S. 37). Seitdem gedeihen meine Möhren zu ungeahnter Pracht und Güte, und ich kann nur jedem, der seine Mühe belohnt sehen möchte und Wert auf gesunde wurmfreie Früchte legt, empfehlen, es mir gleichzutun.

In diesem Frühjahr aber brachten mir gerade die Karotten die erste, herbe Enttäuschung meiner Mulchpraxis!

Im vergangenen Herbst nämlich hatte ich den Versuch unternommen, den Samen erstmals zum Überwintern in die Erde zu bringen, in der Hoffnung, auf diese Weise zeitiger an meine ersten Möhrchen zu kommen. Ich säte ihn immer schön abwechselnd mit Steckzwiebeln, die klassische Kombination also. Das Ganze wurde dann mit einer etwa 20 Zentimeter dicken Strohschicht abgedeckt, und im Frühjahr war ich sehr gespannt, was wohl daraus geworden war.

Aber Fehlanzeige! Während die Zwiebeln schon Ende April lustig ihre grünen Spitzen durch das Stroh steckten, war von den Möhren nichts, aber auch rein gar nichts zu sehen, ich konnte meine Augen noch so sehr anstrengen. Das wurde auch nicht anders, als ich das Stroh beiseite räumte, damit etwas mehr Wärme an die Reihe mit dem Samen herankam. Wer in erster Linie herankam, waren meine lieben Amseln, die mir das Erdreich so nach Würmern durchwühlten, daß schon aus diesem Grunde nichts mehr aus meinem Saatgut werden konnte, selbst wenn es den Winter überstanden haben sollte.

Ein zweiter Versuch mußte gestartet werden. Diesmal ließ ich das Stroh gleich beiseite, damit die Frühlingssonne besser an das Beet herankommen konnte und deckte auch vorsorglich mit einem Netz ab, um die gierigen Vögel abzuhalten. Nun steht meine Möhrenreihe, doch aus der ganz frühen Ernte, die ich durch die Herbstaussaat erhofft hatte, war ja nun nichts geworden.

Besser erging es mir mit dem Versuch, den Wurzelsamen einfach auf ein Beet aufzustreuen, so wie man es auch bei Grassamen tut. Ich wollte mir einfach die Mühe mit dem Aussäen in Reihen sparen, denn meine Überlegung war, daß es eigentlich keinen Grund dafür gibt, warum die Früchte in einer Reihe, nicht aber auch in die Breite wachsen sollten. Das Jahr zuvor hatte ich es schon einmal so gemacht. Doch da ich den Samen auf ein Beet geworfen hatte, das den Winter über nicht gemulcht worden war, kam es natürlich so, daß das Wildkraut allemal schneller war als der langsam keimende Möhrensamen. Ich fand vor lauter Disteln, Giersch, Hahnenfuß usw. keine Spur mehr davon, bzw. hatte die allergrößte Mühe, sie unter dem Wildwuchs ausfindig zu machen. Ein sehr mühsames Geschäft und nicht zur Nachahmung zu empfehlen.

Doch diesmal nun, durch Schaden klug geworden, mulchte ich das dafür vorgesehene Stückchen Land sehr sorgfältig und dick ein, so daß es im Frühjahr praktisch völlig unkrautfrei war, und nun habe ich meine helle Freude an meiner Möhrenernte. Nicht nur, daß ich die Früchtchen früher als in all den Jahren zuvor ernten kann, es ist auch kein Unkräutlein dazwischen. Sie stehen schon so dick und rund, daß ich Mühe habe, sie aus der Erde zu bekommen, wenn ich die zu dicht stehenden verziehen möchte, damit die Artgenossen etwas mehr Luft und Raum zur Entwicklung haben.

Anscheinend spornen sie sich gegenseitig zum Wachstum an. Allerdings erhalten sie auch mindestens einmal die Woche ihren Zwiebelguß und auch rechts und links des Beetes stehen die scharfen Knollen mit den vielen Häuten - als flankierende Maßnahme sozusagen.

Ich hatte im Frühjahr eine reichliche Menge von den kleinen Pflanzzwiebeln gekauft - die ja nicht teuer sind - und sie überall, wo noch ein kleines Plätzchen frei war, ausgelegt. Dies tat ich eigens zu dem Zwck, bloß ja immer genug zur Verfügung zu haben, um meine Wurzeln damit zu übergießen (alle Zwiebelabfälle, Schalen, restliche Knollen schneiden, in einem Glas sammeln, mit Wasser bedecken und nach zwei bis drei Tagen den gesamten Inhalt über die Möhren gießen).

Ergebnis: Keine einzige Made, kein angeknabbertes Früchtchen!

Kartoffeln

In diesem Jahr glückte es mir zum erstenmal, die beliebten Knollen (Erdäpfel nennen sie die Altbayern treffend) zu den angegebenen günstigen Saatterminen in die Erde zu bringen: Mulch machts möglich!

Bisher war es meist so, daß man zur Frühlingszeit hier bei uns in der Gegend mit Müh und Not überhaupt einen Tag fand, an dem man ans Pflanzen denken konnte. In Regenzeiten, die ja um diese Jahreszeit sehr häufig sind, schien es schier unmöglich, so naß, fest und glitschig war der Boden. Wurde es dann trocken, verkrustete die Oberfläche - oft schon nach wenigen Tagen - und wurde „hart wie Kruppstahl". Man verschob das Pflanzen also lieber wieder auf „bessere Tage". Kam dann so ein „besserer Tag", so mußte man sich unendlich sputen, um die angesammelten Arbeit so schnell wie möglich zu erledigen - günstiger Saattermin hin, günstiger Saattermin her!

Eigentlich konnte ich mir nie so recht vorstellen, daß das andernorts so wundervoll funktionieren sollte mit dem Pflanzen nach bestimmten Mondkonstellationsdaten, wenngleich mir immer wieder so begeistert davon berichtet wurde. „Es müssen dort wohl ganz andere Boden- und Klimabedingungen herrschen", dachte ich bei mir.

Nun, Dank der ausgleichenden Mulchdecke, ist das alles auch kein Problem mehr für mich. Jedenfalls kamen meine Kartoffeln dieses Jahr pünktlich am 24.4. in die Erde, wie ich es in den *Aussaattagen* von *Maria Thun* gelesen hatte. Das heißt, sie kamen nicht nur *in*, sondern auch *auf* die Erde. Der eine Teil aus meinem Korb wanderte in die dafür vorgesehene Furche, der andere wurde einfach auf ein Stück Wiese gelegt, so wie ich es auf Seite 23 beschrieben habe.

Um es gleich vorweg zu sagen: Die, die ich auf die Grassode gelegt hatte, keimten sehr langsam, vielleicht auch durch das ungewöhnlich heiße und trockene Frühjahr und jetzt - Anfang August liegt bei jeder Mutterknolle nur eine kleine Handvoll niedlicher weißer „Kinderchen" - wie in einem Nest. Aber immerhin, es hat funktioniert! Und es ist die ganz große Attraktion, wenn ich die Besucher meines Schaugartens dorthin führe und sage: „Mal sehen, wie es meinen Kartoffeln geht!" Ich nehme das Stroh beiseite und zeige den erstaunten Besuchern, was sich darunter tut. Sicher haben die Kartoffeln diese ewigen Störungen nicht sehr gerne, aber ich habe ja auch nur eine kleine Reihe zu Demonstrationszwecken!

Meine anderen Kartoffeln stehen prächtig, sie haben nach dem Regen gut aufgeholt, und ich kann schon laufend davon ernten (erster Erntetag: 12. Juli). Sie sind gesund und wohlschmeckend. An die Ecken des Kartoffelstückes habe ich ein paar Meerrettichpflanzen gesetzt. Meerrettich wirkt sich sehr günstig auf die Bewurzelung der Kartoffeln aus und macht sie widerstandsfähiger gegen Krankheiten. Allerdings übt Meerrettich auch eine Anziehungskraft auf Schnecken aus, man tut gut daran, die Stellen wo er wächst in der „Schneckenzeit", also hauptsächlich bei Regen, zu beobachten. Dort kann man sie dann oft einsammeln.

Zu Anfang meiner Mulchpraxis, als ich beschloß, meinen Komposthaufen aufzulösen und Abfälle wie Gemüsereste direkt auf das Land zu bringen, waren darunter natürlich auch Kartoffelstückchen und Schalen, die sich nun wahllos über mein Gemüsestück verteilten. Das Ergebnis: überall sprossen im Laufe des Sommers Kartoffeln hervor. Wo sie weiter nicht störten, ließ ich sie einfach gewähren, aber ich zog daraus eine Lehre. In diesem Jahr gab ich die Kartoffelabfälle gleich extra in eine Reihe unter den Mulch. Und siehe da, ohne zu pflanzen steht an dieser Stelle eine prächtige Kartoffelzucht.

Freilich, der äußerst milde Winter mag seinen Teil mit dazu beigetragen haben, bei strengem Frost hätte das Ergebnis mit Sicherheit anders ausgesehen. Doch ein solch wohlfeiler Versuch lohnt sich allemal!

Warum sollen wir immer nur in der Mode mit Begeisterung Neues aufgreifen? Niemandem würde es einfallen, sich in Kleidern der Jahrhundertwende zu zeigen, im Gegenteil! Das Gestrige ist vielen Menschen heute schon nicht mehr modern genug! Warum also nicht auch einmal auf anderen Gebieten fortschrittlich sein und Mut zum Experimentieren haben. „Nur, weil es immer so gemacht wurde?", frage ich mich!

Die Kartoffelreihe, aus diesen Teilchen entstanden, erinnerte mich daran, daß früher zuhause, wo sehr, sehr sparsam gewirtschaftet wurde, niemals jemand Pflanzkartoffeln gekauft hat. Man bediente sich meines Wissens ausschließlich der Methode des „Äugelns". Man zerschnitt dabei eine Kartoffel so, daß jedes Teil ein oder mehrere Augen behielt, und diese Stückchen wurden dann in die Pflanzkuhle gelegt. Das ist nicht nur eine äußerst sparsame Methode, sondern sie vermindert auch die Anfälligkeit der Früchte für Käferbefall und Krankheiten. Der Keimling kann sich auf diese Weise nicht von der Mutterpflanze ernähren. Er wird sozusagen „abgenabelt" und muß sich von Anfang an seine Nahrung aus dem Erdreich holen.

Wenn ich vorrätig habe, lege ich in die Kartoffelfurchen oder in die vorgesehenen Mulchnester getrocknete, zerriebene Comfreypflanzen oder streue Holzasche. Dies hilft der Kartoffel, ihren hohen Kalibedarf zu befriedigen, wenn der Boden nicht sehr kalkhaltig ist.

Beim Auflösen meines Komposthaufen im zeitigen Frühjahr (ich brauche ja höchstens noch einen kleinen für Blumenerde etc.) entdeckte ich damals in etwa einem Meter Tiefe ein Kartoffelnest, das sich dort unbemerkt entwickelt hatte und mir so einige unerwartete „Frischmahlzeiten" bescherte. Wieviel besser schmeckten sie mir doch als die alten, runzeligen Dinger im Keller. Und ich habe mich gesorgt, ob sich meine gepflanzten wohl durch eine 20 Zentimeter dicke Strohschicht durcharbeiten könnten, wo sie sogar aus einem Meter Tiefe heraus fähig waren, ihre Triebe ans Tageslicht zu befördern! Demnächst werde ich im Herbst mal einige Kartoffelstöcke im Boden belassen und mit ganzen Strohbündeln gegen Frost sichern, um dann im Frühjahr noch mehr von diesen frischen Knollen ernten zu können.

Das Thema Kartoffeln abschließend möchte ich noch einige Ratschläge weitergeben, z.B. den, nie Kartoffelkochwasser wegzuschütten, sondern es überall im Garten mit zum Düngen zu verwenden. Es ist sehr reich an Mineralsalzen, die wir unseren Böden gar nicht genug zuführen können.

Das Kraut der Kartoffel eignet sich vortrefflich für das Ansetzen von Jauche, sie kann nach der Vergärung in starker Verdünnung (etwa 1:20) gegossen und gespritzt werden.

Da mein Garten ja sehr starker Sonneneinstrahlung ausgesetzt ist, hatte ich immer Mühe, die Kartoffeln hoch genug mit Erde anzuhäufeln. Da das Anhäufeln bei der Mulchmethode entfällt, ist es wichtig, darauf zu achten, daß die Mulchschicht über den Kartoffeln auch hoch genug ist, gegebenenfalls muß man im Sommer noch weiteres Stroh hinzufügen. Sonst kann es leicht passieren, daß die oberen Knollen unter der Sommersonne grün werden und Verluste eintreten. Ich habe allerdings beobachtet, daß eine verhältnismäßig niedrige Strohschicht mindestens so gut abschirmt, wie es die Erdanhäufung tut.

Salate

„Das A und O ist H_2O", so heißt es mit Recht. Und auf keine andere Gemüsepflanze trifft dies wohl so sehr zu wie auf Salat und zwar ohne Ausnahme. Glücklich kann sich preisen, dessen Garten an einen Wasserlauf grenzt oder gar von einem durchflossen wird. Wir weniger Begünstigten haben uns an das Regenwasser zu halten. Wenn die Qualität des Regenwassers heutigentags auch sehr fragwürdig ist, so wird es doch von den Pflanzen immer noch besser aufgenommen, als Leitungswasser.

Als wir 1980 unser Haus bauten, bot sich der Hang, der aufgeschüttet werden mußte, geradezu an, darunter unterirdisch ein Regenwasserreservoir einzubauen. So geschah es. Zwar sind seine 3000 Liter in Trockenzeiten nicht ganz ausreichend, doch haben wir zusätzlich an allen Abflußrohren Tonnen aufgestellt.

In diesem Frühjahr, als die Trockenheit begann, freute ich mich diebisch über meine vollen Behälter. Es ärgerte mich nur, daß ich immer die schwere Pumpe heranschleppen mußte, wenn ich an das Wasser herankommen wollte. Der Tank liegt auf halber Höhe am Weg zum Garten hinunter. Bis mir auf einmal die Erleuchtung kam: warum nicht das natürliche Gefälle zum Transport benutzen, ohne elektrische Energie und den Ärger mit der Pumpe, die oft genug auch noch ihren Dienst versagt.

Also: ich steckte einfach ein Stück Schlauch in die Öffnung des Tankes, das andere Ende legte ich in den Zementkübel, den ich mir für diesen Zweck angeschafft hatte. Ich fing an zu saugen und - oh Wunder - es sprudelte nur so hervor. Es war mir nur lästig, jedesmal wenn der kleine Kübel vollgelaufen war, den Schlauch herauszuziehen und wenn ich nachfassen wollte, hinaufzugehen und ihn wieder in die Öffnung zu stecken.

„Wie kann man dem bloß abhelfen" sinnierte ich? Mein Blick fiel auf den Wassersprenger, der da zufällig stand. Ich taxierte die Höhe seines Ständers, stellte fest, daß er mein Reservoir überragte und schon hatte ich, was ich brauchte. Mittels eines Gummibandes befestigte ich das Ende des Schlauches oben an dem Ständer, wenn mein Kübel vollgelaufen war. Wenn ich dann wieder Wasser benötigte, nahm ich einfach den Schlauch vom Ständer und steckte ihn in den Bottich. Abrakadabra, wie von Zauberhand lief das Wasser - meine Besucher waren höchst erstaunt.

Das ging nun eine ganze Weile gut, bis zu dem Moment, wo sich unbemerkt meine provisorische Schlauchbefestigung vom Ständer löste, der Schlauch herunterfiel und meine 3000 Liter guten Regenwassers heimlich still und leise auf Nimmerwiedersehen in der Erde versickerten. Sie liefen gerade dahin, wo sie zu nichts zu gebrauchen waren und das ausgerechnet zu Anfang der langen „Durststrecke", die uns bevorstand. Gut, daß ich das ja zu dieser Zeit noch nicht wußte, ich hätte mich noch viel, viel mehr geärgert, als ich es ohnehin tat.

Ich war kein bißchen stolz mehr auf meine „Erfindung" und sehr, sehr kleinlaut, wenn mich Leute fragten, was das denn für eine eigenwillige Konstruktion sei!

Inzwischen habe ich mein Schlauchende mit einer Halterung versehen, die nicht mehr so leicht aushaken kann und alles funktioniert wieder bestens!

Da wären wir auch wieder beim Salat angelangt, ich kann also gleich zu Anfang, wenn ich z.B. meinen Salat pflanze und - so habe ich den Eindruck - er dann immer besonders durstig ist, tüchtig wässern. Später, wenn er gut angewachsen und unter dem Stroh vor Austrocknung geschützt ist, braucht er nur noch gelegentlich intensive Wassergaben.

Der erste Salat ist bei mir immer der *Eichblattsalat*, nicht zu verwechseln mit dem *Eisbergsalat*. Letzterer ist zwar auch sehr lecker und vor allem knackig, doch seine Zeit im Sommer ist sehr begrenzt. Bei Hitze schießt er rasch aus. Ganz anders der Eichblattsalat. Vom Frühjahr bis in den Herbst hinein deckt er unermüdlich meinen großen Salatbedarf, da er immer wieder nachwächst, wenn man ihn schneidet. Obwohl er keine festen Köpfe bildet, sondern sich oft zu großen Büscheln auswächst, ist er zart und fast jedes Blatt, das ihm wegen seiner an Eichenblättern erinnernden Form den Namen gibt, ist genießbar.

Selbst die große Hitze dieses Sommers konnte seinem Wohlgeschmack und seiner Milde nichts anhaben. Ich mußte ihn mehrmals herunterschneiden, da selbst ich mit meinem großen Salatkonsum seiner nicht Herr wurde. Man wird ihn nie leid, er fügt sich in jede Salatkomposition bestens ein. Eine großartige Züchtung - leider noch viel zu wenig als Schnittsalat bekannt und angebaut. Der einzige Nachteil für mich und alle Mulchgärtner, die nach mir kommen: da er keine festen Köpfe bildet, hat man beim Saubermachen etwas mehr Mühe, die Strohhälmchen herauszufischen. Das ist aber auch das einzige. Dafür hat man keinerlei Last mit dem Aussortieren unbrauchbarer Blätter; man kann unbesehen alles verwenden. Und noch etwas sehr Erfreuliches: weder Läuse und Co., noch Schnekken, die sonst die Salatbeete besonders gern heimsuchen, ließen sich blicken. Auch ihnen ist der Eichblattsalat wohl unbekannt, und sie haben ihn noch nicht auf ihrem Speisezettel.

Grünen Salat esse ich zur Abwechslung auch gerne einmal, aber bei ihm man schon erheblich mehr Schwierigkeiten. Zwar ist auch er unter dem Strohgeleit in diesem Sommer ungewöhnlich gut gediehen. Selbst jetzt im August stehen noch etliche Köpfe auf meinem Beet, alle sehr zart und trotz der Hitze nicht hochgeschossen. Aber einige fielen doch tierischen Liebhabern zum Opfer, ich nehme an, es waren Schnecken. Die ersten Köpfe im Frühjahr waren auch ziemlich verlaust, bis ich mit Schachtelhalmbrühe für Abhilfe sorgte.

Für Herbst und Winter habe ich noch den ganz späten Kopfsalat ausgesät; auch *Radicchio* und *Feldsalat*, den weniger bekannten *Winterpostelein*, *Endivie* und *Chinakohl*. Zusammen mit dem *Grünkohl*, den ich schon wegen seines hohen Vitamingehaltes den ganzen Winter über und im Frühjahr gerne als Rohkost verzehre, hoffe ich, mit meinem Salat gut bis zur neuen Vegetationsperiode auszukommen.

Kohlrabi

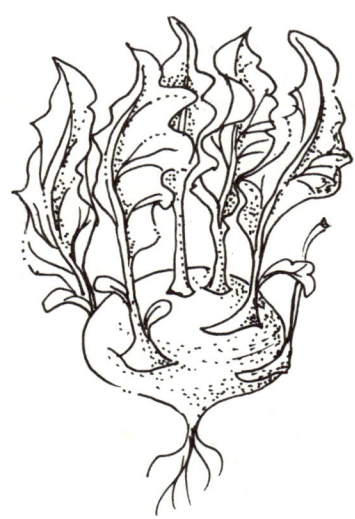

Außer den bekannten weißen und blauen Sorten werden neuerdings auch häufig *Riesenkohlrabis* angeboten und angebaut. Ich habe vor ein paar Jahren einen Versuch damit gemacht, der mir aber nicht so sehr gelungen ist. Bei Kohlrabi bleibe ich - entgegen meiner sonstigen Gewohnheit, immer gern Neues auszuprobieren - beim Althergebrachten. Mein eigener Bedarf ist auch leicht zu decken, eine mittelgroße Knolle reicht gerade für eine Mahlzeit, und so habe ich sie immer frisch vom Garten auf dem Tisch, ohne daß eine Wertminderung eintritt, wie das beim Aufbewahren unweigerlich der Fall ist. Vielleicht spielt auch die Tatsache, daß es mir stets etwas widerstrebt, Früchte zu Riesengrößen heranzuzüchten, eine Rolle.

Durch Nachsäen in kurzen Abständen achte ich darauf, daß ich laufend ernten kann und die Kohlrabis nicht holzig werden können, weil sie zu lange auf den Beeten standen. In diesem Sommer allerdings war es selbst durch Mulchen oft nicht möglich, die jungen Pflänzchen zur rechten Zeit auszusetzen. Wo es geklappt hatte, erfreute ich mich durchaus eines guten Ergebnisses.

In den vergangenen Jahren hatte ich oft den Ärger, daß mir die Knollen aufplatzten, an diesen Stellen dann Fäulnisstoffe eindrangen und ich sie wegwerfen konnte. Wahrscheinlich lag das mit an den nassen Sommern, die uns gerade zur Hochsaison im Garten oft jeden Spaß an der Gartenarbeit verdarben. Heuer habe ich keine aufgeplatzten Früchte.

Vergangene Woche besuchte mich ein guter Freund, begeisterter Gartenliebhaber wie ich, und erzählte mir, er habe eine prachtvolle Reihe Kohlrabi stehen. Er kann seinen Garten meist nur an den Wochenenden bewirtschaften, da er woanders wohnt. Als er sich für eine Woche verabschiedete, gab er den Pflanzen in der Kohlrabizeile - nur dieser - je einen kräftigen Guß vergorener, verdünnter Brennesseljauche um den Fuß in der Hoffnung, beim nächsten Besuch noch größere und prächtigere Früchte vorzufinden.

Doch welch eine Enttäuschung! Er suchte vergeblich nach seinen Kohlrabis. Die Schnecken hatten sie sich gänzlichst einverleibt. Angelockt durch den Brennesselgeruch, hatten sie sich darüber hergemacht, vorher waren im ganzen Garten keine Schnecken gewesen, wie er mir glaubwürdig versicherte. Da ich ihn als guten Beobachter schätze, habe ich keine Veranlassung, dies zu bezweifeln. So ganz genau kann man nie wissen, was die Tiere anzieht und was sie abschreckt. „Knoblauch hält Schnecken fern", kann man in vielen Gartenratgebern lesen. Aber als ich einmal eine solche Knolle aus der Erde zog, was steckte darunter? Mitten in der Wurzel saß ein Schnecklein und knabberte vergnügt daran. Eine Besucherin, der ich davon erzählte, meinte trocken: „Sicher litt die Ärmste an Arteriosklerose!"

Meinen Freund fragte ich, warum er es denn nicht bei seinen prächtigen Kohlrabis hat bewenden lassen?

„Ja, so ist der Mensch eben", antwortete er mir, „wir können uns halt niemals zufrieden geben und genug haben."

Als Kinder des Wohlstandes und des Überflusses sind wir daran gewöhnt, immer mehr und noch mehr zu erwarten, mehr Erfolg, mehr Gewinn, mehr Leistung und Wachstum. Auf welchem Gebiet auch immer - nicht nur im sportlichen, im geschäftlichen und persönlichen Bereich scheinen wir anzunehmen, daß das nun immer so weitergeht!

Was berechtigt uns eigentlich zu dieser Annahme? Weil das Universum grenzenlos zu sein scheint, müssen deswegen auch der Mensch und unsere Welt hier so sein? Sind nicht jedem Ding seine eigenen, ganz bestimmten Grenzen gesetzt?

Ich denke, es wäre gewiß besser, alles in Ruhe und Gelassenheit wachsen und reifen zu lassen, statt auch dem Boden durch ständiges Hacken, durch hitzige Dünge- und Jauchegüsse und was dergleichen „wachstumsfördernder Maßnahmen" mehr sind, immer das Letzte abzuverlangen. Braucht nicht auch unser Akker Zeit zur Erholung, zur Regeneration? So, wie es keinem Menschen zum Segen gereicht, wenn er unentwegt zu Höchstleistungen angespornt wird, so ist es gewiß auch für die Erde gut, wenn wir ihr ihren eigenen Rhythmus des Wachsens gönnen. Sie wird es uns gewiß danken und dann auch unseren Kindern noch Nahrung geben.

Tomaten

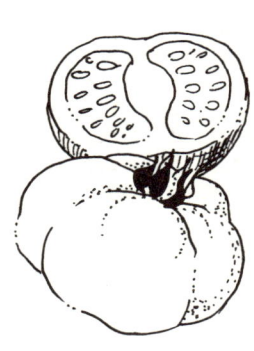

Wie bei allen Gartenfrüchten, so hängt der Erfolg bei Tomaten in besonderem Maße von der Witterung im Sommer ab. Und gerade die kann der Mensch am wenigsten beeinflußen, zumindest nicht unmittelbar. Also müssen wir versuchen, günstige Bedingungen für ihr Gedeihen zu schaffen. Sehr schlecht reagieren Tomaten auf Nässe von oben - da hilft auch der trockene Fuß durch das Mulchen wenig. Wenn man kein Gewächshaus besitzt, kann man in nassen Sommern keine großen Ernten erwarten.

Um etwas Abhilfe zu schaffen, habe ich mir in diesem Jahr an die Südseite meines Gartenhäuschens eine Überdachung bauen lassen. Dort steht nun eine Reihe Tomaten. Vor Regengüssen geschützt kann sie die Sonne verstärkt einfangen.

Die Plastikhauben, die man käuflich erwerben kann, erwiesen sich in der Praxis als wenig hilfreich. Bei starkem Wind oder gar Gewitterstürmen wehten sie herunter, und die zarten Pflanzen wurden arg zerzaust und gedrückt. Das notwendige Ausgeizen der Seitentriebe machte ein ständiges Abnehmen und Wiederdrüberziehen erforderlich, was zur Folge hatte, daß es oft unterblieb und man dann ein undurchdringliches Dickicht unter den Hauben vorfand. Es ist immer besser, die Tomaten „eingleisig" hochzuziehen, so kann sich alle Kraft in diesem Hauptstamm und seinen Früchten konzentrieren.

Genau so wichtig wie der richtige Standort - möglichst sonnig und vor Regengüssen geschützt - ist aber auch der beste Zeitpunkt, die empfindlichen Pflanzen in die Erde zu bringen. Bei zu frühem Pflanzen besteht immer die Gefahr des Erfrierens durch Nachtfröste, zu spät gepflanzten Tomaten genügen unsere kurzen Sommer oft nicht, um die Früchte zur Ausreifung zu bringen. Zwar kann man sich ja behelfen und sie im Keller oder an sonst einem geeigneten Platz nachreifen lassen, doch der Geschmack dieser Früchte steht in keinem Verhältnis zu den frischgepflückten vom Strauch.

Aber fangen wir doch - schön der Reihe nach - bei der Pflanzung an. Tomaten lieben es, im Gegensatz zu vielen anderen Gewächsen, immer am gleichen Platz zu stehen. Mitte Mai, wenn keine Fröste mehr drohen, bekommen sie auf ihrem

„Stammplatz" ihr Nest gebaut. Für jede Staude räume ich die dicke Strohschicht beiseite, die den Winter über allem Wildwuchs den Garaus gemacht hat und hebe eine kleine Pflanzgrube aus. Da hinein gebe ich etwas Erde, die ich mit Gesteinsmehl und einem Horn-Blut-Knochenmehl-Gemisch angereichert habe. Die Tomaten sind starke Zehrer und dankbar dafür. Auch ein Beinwellblatt (Comfrey) kann man, wenn vorhanden, mit dazutun.

Darauf stelle ich nun die Wurzeln und zwar so, daß sie nicht gerade, sondern etwas schräg vom Stab weg zur Sonne geneigt zu stehen kommen, der vorderste Teil des Stengels berührt fast die Erde.

Durch diese Pflanzweise, die sich sehr bewährt hat, bildet sich rundherum ein viel stärkerer Wurzelstock aus, der die Pflanze dann bestens versorgt. Nach etwa einer Woche hat sie sich aufgerichtet und kann an den Stützstab angebunden werden. Die praktischen Welldrahtstäbe sind denen aus Holz vorzuziehen; sie verrotten nicht, und man kann sie leichter säubern.

Neben jede Tomate setze ich auch gleich einen Blumentopf aus Ton schräg in die Erde und zwar so, daß er oben mit der Mulchdecke abschließt. Über diesen Gießtopf bekommen die Tomaten ihr Gießwasser und auch Düngegaben mit Brennesselwasser etc. ganz gezielt an die Wurzeln. Ihr Wasserbedarf ist sehr groß, kommt man ihm nicht nach, kümmern sie vor sich hin.

Nun wird die kleine „Grube" mit Erde aufgefüllt, bei leichten Sandböden mit feuchtem Lehm vermischt. Zum Schluß kommt eine etwa 10 Zentimeter dicke Strohdecke darüber, die unsere Pflanze auch in Trockenzeiten schön feucht hält, was besonders bei längerer Abwesenheit von großem Nutzen ist.

Wird mit Tomaten so verfahren, werden sie es danken und der Erfolg wird nicht ausbleiben. Gepflanzt habe ich meine Tomaten in diesem Jahr am 19. Mai und meine erste reife Frucht am 25. Juli, nicht im Gewächshaus, wohlgemerkt, sondern unter meinem kleinen Vordach, geerntet.

Die Nachbarschaft von Tomaten und Kohl in all seinen Spielarten wirkt sich auf beide Gemüsearten günstig aus, nicht jedoch die Nachbarschaft mit Kartoffeln. Petersilie, vor und zwischen die Tomaten gepflanzt, fördert deren Gedeihen; und eine Zwischenpflanzung mit etlichen Pfefferminzstauden verbessert ihren Geschmack.

Jedes bißchen „Abfall" der Tomatenpflanzen - Blätter, die man besser entfernt, weil sie zu dicht über dem Boden wachsen und dadurch etwaige schädliche Pilze hochwandern können und auch die Seitentriebe - ist ein sehr wertvolles Mittel zum Düngen der Pflanzen. Auch für andere Kulturen sind diese Tomaten„abfälle" von großem Nutzen. Ich sammele sie in einem Behälter mit Wasser und gebe dieses dann samt Rückständen als Guß oder in Regenwasser verjaucht und stark verdünnt (1:20) auf befallene oder gefährdete Beete. Besonders wirksam sind diese Gaben z.B. als Vorbeugung gegen den gefürchteten Kohlweißlingsflug bei allen Kohlsorten.

Die ausgebrochenen Seitentriebe der Tomaten kann man bei feuchter Witterung in die Erde stecken, sie wurzeln dort meist gut an, und man hat immer genug von dem begehrten nützlichen Grün zur Verfügung. An vielen Stellen meines Gartens, dort, wo ich meine Abfälle mit Tomatenresten ausgeleert hatte, haben sich diese bewurzelt, und sich ohne jegliche Pflegemaßnahme zu zum Teil erstaunlich kräftigen Pflanzen entwickelt. Auch davon kann ich bis zum Herbst manche Frucht ernten.

Frühkohl, Blumenkohl, Rot- und Wirsingkohl

Mitte März gepflanzt, hatte ich mit all diesen Kohlsorten von Anfang an arge Schwierigkeiten. Das Beet am unteren Ende des Gartens, wo er stark geneigt ist und sich die Nässe immer sehr staut, war auch sicher nicht der richtige Platz für meine Kohlpflänzchen. Unter dem Stroh war es noch sehr naß und kalt; ich war wieder einmal viel zu ungeduldig gewesen - mein alter Fehler. Oft erreicht man in dem Bestreben, möglichst frühe Ernten zu erzielen, genau das Gegenteil!

Da half auch mein Trick mit den „Minigewächshäusern" nicht, die Pflänzchen gingen zwar an, doch ich hätte das Stroh viel früher abnehmen müssen, um die wenigen Sonnenstrahlen des beginnenden Frühjahrs direkt auf die Erde zu lenken. Als sich die Erde dann endlich erwärmt hatte und die Sonne kräftig herunterbrannte, nahm ich die Hüllen ab; doch sofort fielen die Vögel über mein Beet her und scharrten die Pflanzen regelrecht heraus. Als ich sie mühsam wieder eingesetzt hatte, gab ich den Pflänzchen zu allem Überdruß noch einen Brennesselguß, um sie zu kräftigen, nicht berücksichtigend, daß gerade dieser die Kohlweißlinge anlockt.

Da der Platz - wie gesagt - ganz am unteren Ende meines großen Gartens liegt, zudem noch halbverdeckt von den Himbeerpflanzen, und ich in dieser Zeit wirklich alle Hände voll zu tun hatte, gerieten mir meine Kohlkümmerlinge ganz aus den Augen. Eines schönen Tages fiel mir aber wieder ein, daß da unten vielleicht doch noch jemand auf meine Betreuung angewiesen sein könnte. Oh, weh!

Do san Dog, so voller Zwidernussen

wo ma froh war, wanns eim niederschussen

...heißt es in einem Vers aus meiner bayrischen Heimat, der mir einfiel, als ich meine Gewächse sah oder besser, das was von ihnen übrig war. Für die des Bayerischen nicht mächtige Leser, hier die Übersetzung des kleines Verses:

Da gibt es Tage so voller Widerwärtigkeiten

wo man froh wäre, wenn einen jemand niederschießen würde!

Nun, ganz so schlimm war es natürlich auch wieder nicht mit mir, aber meine Enttäuschung war doch sehr groß! Das, was sich mir darbot, war niederschmetternd: alles zerfressen, verlaust und verkümmert. Ich weiß nicht, was sich darüberhergemacht hatte? Vor allem der Blumenkohl, sonst mein besonderer Stolz und meine Freude, den konnte ich gleich ganz aus der Erde reißen. Er hatte trotz aller Startschwierigkeiten schöne, kleine Köpfchen gebildet, doch nun waren sie übersät von unappetitlichen schwarzen Käferchen, deren Namen ich noch nicht einmal kannte und die ich noch nie gesehen hatte.

Die anderen Kohlsorten waren zwar nicht ganz so schlimm, aber Raupenfraß zeigte sich an allen, manche waren gänzlich verschwunden. Meine sofort eingeleiteten Hilfsmaßnahmen retteten dann doch noch einiges, sie erholten sich unter meinen Schachtelhalmgüssen, und jetzt stehen dort einige schöne, feste Köpfe. Vor allem der Frühkohl ist von überraschender Zartheit und Güte, ich ernte laufend davon - trotz der zerfressenen Außenblätter.

Fazit: Dein Garten wird nur bereit sein, Dir soviel Freude und Erfolg zu bringen, wie Du gewillt bist, ihm liebevolle Zuwendung und Pflege angedeihen zu lassen.

Genau so, wie es sich mit Deinen Kindern und anderen, Dir anvertrauten Menschen verhält.

Gurken, Kürbisse, Zucchini, Paprika

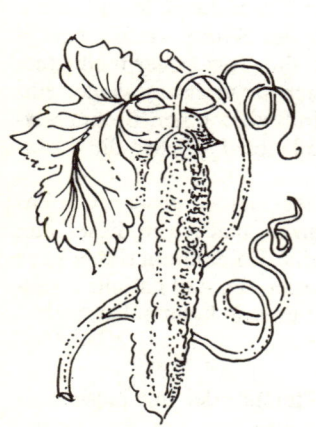

Die Gurken brauchten erst eine ziemlich lange Anlaufzeit, die ersten keimten gar nicht, und ich mußte nachlegen. Nun aber stehen sie prächtig über dem Stroh, und ich kann laufend ernten. Allerdings sind sie auch dieses Jahr wieder bitter; die extremen Temperaturschwankungen - manchmal innerhalb weniger Tage 15 bis 20 Grad - haben sicher das Bitterwerden der Enden verursacht.

Da Gurken Kletterpflanzen sind, erzielt man den allergrößten Ertrag auf kleinster Fläche, wenn man sie ranken läßt: an Zäunen, Stäben oder an Baustahlgewebe. Auf diese Weise fangen sie die Sonne optimal ein, behindern sich gegenseitig bei Nässe nicht und sind mühelos zu ernten.

Ebenso wie bei Tomaten kann man die überschüssigen Triebe ausgeizen, was vermehrten Fruchtansatz zur Folge hat. Außerdem ist es günstig, die bodennahen oder auf dem Boden liegenden Blätter abzunehmen, um Fäulnisbildung zu verhindern.

Mit Paprika wollte ich erst gar nicht den Versuch machen, da ich in den vergangenen Jahren nie Erfolg damit hatte. Unsere Sommer hier sind für diese sehr wärmebedürftigen Pflanzen nicht lang und nicht heiß genug. Aber eine Nachbarin brachte mir einige Setzlinge und ich dachte: „Na, versuchen kannst du es ja noch einmal." Bei den tropischen Temperaturen dieses außergewöhnlichen Sommers genau der richtige Entschluß: es hängen bereits etliche Früchte daran, und ich habe alle Aussicht, sie ernten zu können.

Als ich sie pflanzte, hatte ich meine Überdachung noch nicht, im nächsten Jahr will ich einigen Paprikapflanzen dort ein Plätzchen einräumen, und wenn es die Sonne wieder so gut mit uns meint wie in diesem Sommer, kann ich bestimmt mit gutem Erfolg rechnen. Natürlich, die Witterung ist immer der wichtigste Faktor in unserer Gartenkalkulation.

Auf die Anzucht von Kürbissen wollte ich ganz verzichten, da ich mir nicht viel daraus mache. Aber an der Stelle, wo ich im Laufe des Winters das Innere eines Kürbisses hingeleert hatte, sprossen eine ganze Menge junger Pflänzchen hervor. Einige setzte ich auf einen Erdhügel, den ich eigentlich ohne weitere Absicht aufgehäuft hatte, und siehe da: sie haben sich zu einem ganz üppigen Busch entwickelt.

Wenn ich die Früchte vielleicht auch nicht selbst esse, so kann ich doch den Tip eines guten Freundes, der ein ebensogroßer Garten- wie Tierliebhaber ist, nutzen.

Er meinte, man solle den Vögeln in der Zeit der Aufzucht der Jungen, wenn sie den allergrößten Nahrungsbedarf haben, einen Futterplatz außerhalb der Beete einräumen. Er hätte z.B. beobachtet, daß sie sich mit wahrem Heißhunger auf Melonenreste stürzten, die er zufällig mit auf den Komposthaufen geworfen hatte, und zwar auf das Fruchtfleisch, nicht etwa auf die Kerne.

Da ich selten Melonen esse, dachte ich mir: „Vielleicht klappt das auch mit anderen Obstresten." Melonen sind in der Zeit der Brutpflege auch sehr teuer. Ich werde es also demnächst mit meinen Kürbissen versuchen, die im Herbst bei mir ja in großen Mengen anfallen werden. Freilich wird man sie bis zur Zeit der Brutpflege nicht im Keller aufbewahren können. Doch da ich so gute Erfahrungen gemacht habe mit meinem Wintergemüse unter der Strohdecke im Freien, warum das nicht auch mit den Kürbissen versuchen? Es wäre mir und den Vögeln damit geholfen, die mir dann hoffentlich meine Jungpflanzen etwas mehr in Ruhe lassen.

Allerdings: ohne das zeitraubende und lästige Netzespannen werde ich zu gewissen Zeiten wohl kaum auskommen - diese Erfahrung habe ich nun auch schon gemacht! Das wird wahrscheinlich erst dann gehen, wenn sich die Nachbarschaft ringsum dazu entschlossen hat, meinem Beispiel zu folgen und auch die *Mulchtotal-Methode* zu praktizieren. Dann wird sich die Last verteilen und sich nicht nur auf mein Revier konzentrieren.

Zucchini, diese Gurken ähnelnden Gewächse, die sich in letzter Zeit zusehends auch bei uns einbürgern und in unserem Klima ausgezeichnet gedeihen, stehen bei mir auch dieses Jahr wieder auf einem Komposthügel (dem letzten noch verbliebenen). Mit Erde eingedeckt und in ein Strohnest eingebettet, bringen sie unermüdlich Blüte um Blüte hervor, unter denen sich dann die Frucht entwickelt. Auch mit ihnen hatte ich zunächst kein Glück. Erst beim zweiten Versuch, als ich die Pflanzenspitze gleich nachdem sie aus der Einbettung hervorbrach in die bewährte Flaschenhülle steckte, konnte ihr nichts mehr Schaden zufügen. Sie hat sich in der Zwischenzeit zu einem Riesenstock entwickelt, mit ihren leuchtend goldgelben Blüten Hummeln und andere Bestäuber anlockend. Bis in den Herbst hinein kann ich nicht nur meinen eigenen Bedarf spielend decken, sondern auch davon verschenken und Vorrat sammeln. Im Keller auf Latten gelagert, kann man damit den halben Winter über seinen Speisezettel bereichern. Der ziemlich neutrale Geschmack erlaubt es, sie mit allen andern Gemüsen zu kombinieren, auch mit Salaten aller Art. Man sollte sie jedoch nicht gänzlich roh verwenden, sondern stets etwas andünsten.

Auch die Zucchini hat es verdient, in unseren Gärten noch mehr heimisch zu werden.

Erbsen, Bohnen

Über diese beiden Gartengemüse ist hier wenig zu erzählen, durch das Mulchen haben sich kaum Veränderungen ergeben.

Die erste Erbsenaussaat war schlecht, wie so vieles in diesem Frühjahr, wahrscheinlich aus denselben Gründen wie bei den Möhren: zu früh in die nasse Erde gelegt. Vielleicht sind sie, weil nicht davor geschützt, den Amseln zum Opfer gefallen.

Ich achte immer sehr darauf, die Erbsen nach Möglichkeit nicht auf einmal, sondern in etwa dreiwöchigen Abständen zu legen. Da ich die zuckersüßen Schoten gerne roh verzehre, benötige ich jeweils nur kleine Mengen und habe sie dann immer frisch zur Verfügung.

Von den Bohnen ist durchweg Erfreuliches zu berichten. Sowohl die erstgelegten (15. Mai), als auch die späten (24. Juli) keimten gut. Die frühen brachten reichlichen Ertrag, was ich auch von den nachfolgenden erhoffe. Als besonders zart erwiesen sich in der Vergangenheit bei mir diejenigen, die erst im Herbst heranreifen, diese erfreuen sich meist auch besserer Gesundheit als die des Sommers. Das Stroh erspart mir nicht nur das Hacken, sondern auch das häufige Gießen und vor allem das Anhäufeln.

Topinambur

oder *Zuckerkartoffel*, wegen ihres birnenähnlichen Geschmacks auch *Erdbirne* genannt, hat mit unserer Erdknolle, der Kartoffel, nichts zu tun. Eigentlich auch nichts mit Mulch, denn sie braucht weder diesen, noch Kompost oder Dünger; sie ist die anspruchsloseste und genügsamste Pflanze, die man sich vorstellen kann. Sie genügt sich sozusagen selbst. Deswegen bringe ich es hier auch nicht fertig, sie Ihnen, meine lieben Gartenfreunde, vorzuenthalten. In der Hoffnung, daß ich Sie dazu anregen kann, sie anzubauen. Anbau ist eigentlich gar nicht der rechte Audruck; wenn man eine einzige Knolle oder auch nur einige Teilchen davon in die Erde steckt, fängt sie Dank ihrer ungeheuren Kraft an zu wachsen und erobert in kurzer Zeit jedes Stückchen Boden, das ihr zur Verfügung steht. Zur Blütezeit verwandeln die etwa zwei Meter hohen Stauden ihren Garten in ein gelbes Blumenfeld.

In der Blüte sieht die Zuckerkartoffel aus wie eine kleinere Schwester der Sonnenblume, mit ihr ist sie auch verwandt.

In der Erde bilden sich nun in aller Stille die wohlschmeckenden Knollen aus. Weder Trockenheit, noch Kälte oder starker Frost können der Topinamburwurzel etwas anhaben. Im Winter kann man sie mit der Spitzhacke aus dem gefrorenen Erdreich hauen und im aufgetauten Zustand sofort verzehren. Sie schmeckt allein oder mit anderen Gemüsen zusammen zubereitet, ich finde sie mit Knollenfenchel besonders delikat. Ob nun gekocht, gebraten, geschmort oder im Rohzustand wie eine Birne verzehrt, sie schmeckt immer gut. Nur als Kartoffelersatz ist sie nicht geeignet, obwohl die Knollen genau wie diese in Nestern zusammen im Erdreich liegen.

Noch nicht einmal geschält braucht sie zu werden, was kann man mehr von einer Frucht verlangen?

Von ihrem hohen gesundheitlichen Wert habe ich noch gar nicht gesprochen, ihr Hauptinhaltsstoff ist Fruchtzucker, und sie hat heilende Wirkung bei Zuckerkrankheit. Gerade im tiefsten Winter, wenn frische Vitamine rar sind, sollte sie täglich verzehrt werden. Einen Nachteil darf ich aber doch nicht verschweigen:

107

wer einen empfindlichen Magen hat, sollte vorsichtig sein, die Knolle hat blähende Eigenschaften.

Die Pflanzung geschieht am besten aus der Erde in die Erde, sobald der Boden locker genug ist. Am besten weist man ihr gleich einen Platz zu, wo sie sich ungestört entfalten kann, ohne die Nachbarschaft zu überwältigen. An den Standort stellt sie keinerlei besondere Ansprüche.

Im Herbst, wenn die Stengel abgestorben oder abgefroren sind, kann man diese einfach umknicken, die Pflanze liefert dann sozusagen ihren eigenen Mulch.

Wenn Sie mich besuchen, können Sie sich gerne ein paar Knollen mitnehmen. Sie werden mir recht geben - ich habe nicht übertrieben!

Spinat, Mangold

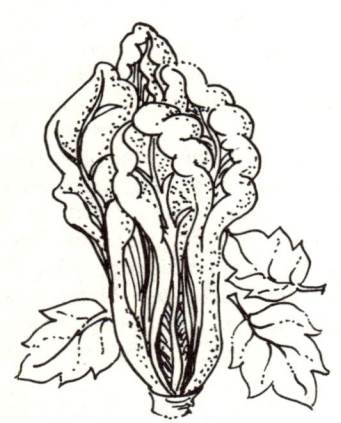

Keine besonderen Vorkommnisse - beide Gemüsearten verhielten sich kaum anders als in früheren Jahren. Auf der Habenseite meiner *Mulch-total-Methode* läßt sich vielleicht verbuchen, daß die Samenbildung und das Hochschießen, wodurch die Gemüse ungenießbar werden, wie das im Sommer fast unvermeidlich ist, deutlich verzögert waren. Und das selbst bei dieser Hitze.

Es gäbe natürlich auch über andere Gemüsesorten noch viel zu erzählen, über Lauch z.B. und über Sellerie, über Rettich und Radieschen und vieles mehr. Doch das, was ich eigentlich wollte, habe ich wohl geschafft: Ihnen hauptsächlich von meinen Erfahrungen - selbstverständlich auch von den Mißerfolgen - und den Veränderungen bei der Umstellung eines Gartens auf die *Mulch-total-Methode* zu berichten. Ich wollte Ihnen den Einstieg erleichtern und Ihnen Mut machen, bei kleinen Fehlschlägen nicht gleich die ganze Sachen als für Sie unbrauchbar aufzugeben. Sie werden den Nutzen erleben!

Aber etwas möchte ich Ihnen unbedingt noch nahebringen, die **Pastinaken** nämlich. Vielleicht kennen Sie sie noch gar nicht, sie wären es aber durchaus wert, in Ihr Gartenprogramm aufgenommen zu werden. Die Pastinake ist eine sehr wohlschmeckende Wurzelfrucht und bestens geeignet, die oft eintretende Versorgungslücke im Frühjahr mit Frischgemüse zu füllen. Leider ist mein zweimaliger Versuch in diesem Jahr gescheitert.

„Bei solch relativ unbekannten Gemüsesorten, die wenig verlangt werden, war das Saatgut vielleicht überaltert", dachte ich mir und machte einen Keimversuch. Mein Verdacht bestätigte sich: kein einziger Sproß war zu sehen.

Viele Gartenliebhaber pflegen bei ihren Sämereien immer erst einen solchen Versuch zu unternehmen, um ganz sicher zu gehen, daß die Samen intakt sind. Das schließt dann spätere Enttäuschungen aus, noch dazu, da man auf das Keimen in der Erde oft lange warten muß und nicht weiß, ob es ein Erfolg oder Mißerfolg wird. Geht die erste Saat wirklich nicht auf, so ist es - wie in meinem Falle mit den Pastinaken - oft zu spät, um einen weiteren Versuch für das laufende Jahr zu starten.

Schade, ich habe sie immer mit besonderem Genuß gegessen, nächstes Jahr werde ich also wieder zu der alten Gärtnermanier zurückkehren und vor dem Säen in die Erde die Keimfähigkeit auf Vliespapier prüfen. Mein Gartenexperte *Ralf Dzialas* bestätigte mir, daß Pastinakensamen nur ein Jahr keimfähig ist.

Mein Sommerurlaub unter dem Apfelbaum neigt sich seinem Ende entgegen, und es wird allmählich Zeit, mich wieder der Praxis zuzuwenden. Mein „Gastgeber" hat sich in der Zwischenzeit fast geleert und mir während dieser Wochen unermüdlich Schatten und Speise gespendet: ·

Es war der gute Apfelbaum
bei dem ich eingekehrt
mit süßer Kost und frischem Schaum
hat er mich wohlgenähret
Ludwig Uhland

Geregnet hat es in der Zwischenzeit auch, so daß die vorherige Schwüle einer angenehmeren Temperatur gewichen ist. Nun kann es fröhlich weitergehen in diesem großartigen Sommer. Der Zenit ist bereits überschritten, viele Felder sind abgeerntet. Morgens und abends liegt an manchen Tagen schon ein allererster leiser Hauch von Abschied in der Luft.

Aber bevor ich meine Betrachtungen hier abschließe, muß ich Sie ja schon noch wissen lassen, wie es mit den Beeren, den Bäumen und den Blumen steht.

Beeren

Mit den *Johannisbeeren* in ihren drei Spielarten schwarz, rot und gelb fängt der Reigen an. Vorn erzählte ich, daß sich zu Anfang der Wachstumsperiode alle drei Sorten prächtig entwickelten und zu den schönsten Hoffnungen berechtigten. Die Johannisbeeren haben mich durchaus nicht enttäuscht, der Ertrag war überwältigend. So viele Beeren habe ich noch nie gehabt, nach Abschluß der Ernte habe ich meinen gesamten Bestand um die Hälfte verringert!

Ich wußte einfach nicht, wohin ich in Zukunft mit meinem Segen soll, nachdem ich außer meinem eigenen Bedarf noch den von Freunden und Nachbarn mit decken konnte. Besonders üppig trugen die schwarzen, mit denen ich bislang nie Glück hatte, und auch die späteren gelben. Der Behang war so reichlich, daß man hätte meinen können, meine Sträucher seien der Reklamebroschüre einer Baumschule entsprungen.

Pflegerische Maßnahmen: reichliche Gesteinsmehl- und Algenkalkgaben unter die Büsche, kräftiger Rückschnitt nach der Ernte, dicke Mulchschicht das ganze Jahr über. Die Reste des Schnittes blieben an Ort und Stelle liegen, auch holzige Teile, dazu etwas halbverrotteten Kompost von meinem Haufen, den ich ja aufgelöst habe. Den Winter über leerte ich meine Gemüsereste aus der Küche dort aus, das Stroh räumte ich etwas beiseite und breitete es anschließend wieder darüber.

So sah es immer sauber und adrett im Garten aus, ohne daß man gleich den Eindruck eines sterilen Operationssaales gewann, der mich beim Anblick mancher Gärten befällt. Aber daß dem bei mir nicht so war, dafür sorgten schon die Amseln, meine lieben Freunde, die sich ihre Würmer unter dem Stroh hervorscharrten.

Gerade die Beerensträucher reagieren offensichtlich sehr positiv und dankbar, wenn ihr Untergrund völlig in Ruhe gelassen und weder gehackt, noch gar umgegraben wird, wie man es leider immer noch sehen kann. Die hochliegenden kleinen Saugwurzeln müssen ja unweigerlich durch diese zwar wohlgemeinten, aber eher barbarischen „Pflegemaßnahmen" gestört werden, was sich sicher auf den Ertrag negativ auswirkt. Genau so verhält es sich mit den Obstbäumen!

Wer bitte gräbt in der freien Natur unter den reichtragenden Wildsträuchern - Weißdorn beispielsweise, Eberesche, Holunder, Sanddorn, Berberitze, Schlehe und wie sie alle heißen mögen? Lassen wir doch einfach viel mehr die Natur unsere Lehrmeisterin sein, statt zu meinen, wir könnten alles besser machen.

Erinnern möchte ich nochmals an meinen Guß mit Kaliumpermanganat (siehe Seite 76), der meinen Beerensträuchern und auch den Obstbäumen (mit Ausnahme der Pfirsiche) offensichtlich gut bekommen ist.

Brombeeren: Ich wollte, ich könnte Ihnen wirklich zeigen, was sich tut. Sie denken bestimmt, ich übertreibe maßlos und glauben mir nicht, daß zentnerweise die schönsten, gesündesten Früchte an den Spalieren hängen. Dabei habe ich in diesem Jahr überhaupt keine große Ernte erwartet, da ich im vergangenen Herbst die arg gewucherten Gehölze so stark beschnitten hatte und dachte, daß sie nun sicher erst einmal eine lange Erholungspause brauchen.

Wie schön wäre es gewesen, wenn Sie sich meinen Segen selbst hätten ansehen können, Sie hätten natürlich auch gerne pflücken dürfen! Aber vielleicht ergibt sich ja mal eine andere Möglichkeit, Sie wissen doch: jeden Mittwoch von Sonnenauf- bis -untergang!

Heidelbeeren habe ich auch in meinem Garten, seit vielen Jahren schon, ohne jemals irgend etwas geerntet zu haben. Obwohl ich, so meine ich, alles mögliche getan habe, um ihre Bedürfnisse zu befriedigen. Ich habe ihnen Waldboden geholt, sie mal in die Sonne, mal in die Schatten gepflanzt und auch sonst manchen guten Rat befolgt, der mir zuteil wurde. Nun möchte ich nochmals einen allerletzen Versuch starten und sie an die Stelle der gerodeten Johannisbeeren setzen, wo sich die Pflanzgrube geradezu anbietet dafür. Ich werde sie mit verrotteter Walderde (anstelle des empfohlenen Torfes, den ich nicht mehr verwenden will) und reinem Sand füllen und besonders eifrig wässern, wie das „Rezept" lautet und warten, ob der Versuch gelingt.

Meine *Himbeeren* habe ich übrigens schon immer das ganze Jahr über gemulcht, und so gehörten sie zu den pflegeleichtesten, anspruchslosesten und wohlschmeckendsten Köstlichkeiten meines grünen Reviers. Heute frage ich mich, warum ich durch ihr Beispiel und das der Erdbeeren, die man ja auch seit eh und je mit Holzwolle oder Stroh unterlegt, nicht schon viel eher selbst auf die glorreiche Idee kam, diese doch offensichtlich gut funktionierende Methode auf das gesamte Gemüseland auszudehnen?

Wichtig bei den Himbeeren ist, daß man die abgeernteten Ruten - deutlich zu erkennen an der hellen Farbe der Stengel - tief an der Erde abschneidet. Sie können dort liegenbleiben und als Eigenmulch wieder dem Kreislauf zugeführt werden.

Gegen Maden und eventuelle Krankheiten gebe ich die üblichen Jauchegüsse und Brühen meist schon vorbeugend und habe so keinerlei Ärger mehr. Ab und an binde ich die hochgewachsenen Ruten am Drahtzaun fest, und dann bleibt mir nur noch die außerordentliche „Mühe" des fortlaufenden Erntens bis spät in den Herbst hinein.

Als ganz besondere Attraktion - das heißt, es soll erst eine werden - besitze ich ja seit Mai dieses Jahres zwei *Kiwipflanzen*.

Die Sorte ist eine Neuzüchtung der *Technischen Universität für Obstbau* in Weihenstephan. Die Wuchshöhe dieser Rankepflanze beträgt etwa zwei bis drei Meter, die Pflanzen stehen in einem Abstand von etwa zwei Metern. Sie soll absolut winterhart sein und bis zu 15 kg Ertrag bringen. Die etwa walnußgroßen Früchte sollen zuckersüß sein, brauchen nicht geschält zu werden und sollen über einen sehr hohen Vitamin-C-Gehalt verfügen.

So habe ich denn dieser „Sensation" den absolut schönsten, sonnigsten und geschütztesten Platz an der Südmauer des Gartens eingeräumt. Unnötig zu sagen, daß ich sie auch mit reichlich Mulch versehen habe, denn sie brauchen viel Feuchtigkeit. Ich habe ein Spalier angefertigt und harre nun der Dinge, die da kommen mögen. Allerdings werde ich wohl noch eine ganze Weile harren müssen, denn ernten kann man erst im zweiten Jahr der Pflanzung, ihre Vollreife erreichen sie Anfang bis Ende Oktober.

Die jungen Kiwis haben sich bis jetzt sehr gut entwickelt und etwa eine Höhe von einem halben Meter erreicht.

Bäume

Unter meinen Bäumen habe ich nicht mehr umgegraben, seit ich mich mit biologischem Anbau beschäftige. Sie erhielten im Herbst stets halbverrotteten Kompost und Mineralgaben. Im Frühling säte ich dann entweder Leguminosen auf die Baumscheiben, oder ich pflanzte Kapuzinerkresse, die sich dann im Laufe des Sommers zu einem wunderschönen Farbteppich ausbreitete und die Stämme halb hinaufkroch.

Jetzt, wo zusätzlich Stroh unter den Bäumen liegt, hat sie sich selbst ausgesät und in der Wärme überwintert. Sie arbeitet sich durch den Mulch ans Tageslicht und die Farbenpracht auf der gelben Strohdecke sieht nun wirklich bezaubernd aus!

Daß wir es hier nach unserem Umzug mit einem völlig überalterten und ungepflegten Obstbestand zu tun bekamen, erzählte ich schon. Einige der ältesten Bäume haben wir gerodet, aber einige bekommen auch das Gnadenbrot bei mir wie altgediente Zugpferde. Sie dienen weiterhin den Gefiederten als Domizil.

Den allerältesten Apfelbaum - einen *Jakob Lebel* - habe ich im letzten Jahr heftig beschnitten, da er sehr schlimm mit Krebs befallen war. Trennen mochte ich mich trotz allem nicht von ihm, obwohl er eigentlich nie für uns zum Verzehr geeignete Früchte hervorgebracht hat und ich die wenigen gerne den Vögeln überlassen habe. Vor allem im Winter machten sie sich gerne darüber her.

Ich pflegte ihn, einem Impuls gehorchend doch noch reichlich mit Gesteinsmehl und Schachtelhalmgüssen, natürlich auch mit Mulch. Auch die Rinde wurde feinsäuberlich abgebürstet und mit einem Lehm-Kuhmist-Anstrich (Rezept siehe Seite 12) versehen, außerdem noch mit einem Leimring gegen die Apfelwickler, die auch jedes Jahr reichlichst Ernte hielten.

Zu meinem großen Erstaunen und meiner Freude trägt nun der alte Veteran in diesem Jahr so üppig, daß ich die Zweige abstützen muß, sonst brechen sie unter der Last. Er bringt zum erstenmal gesunde, meist madenfreie Früchte!

Auch die jungen Bäumchen, die ich anstelle der alten gerodeten setzte, sind trotz der Trockenheit des Sommers und teilweise auch schon des Frühjahres - sicher auch wegen der guten Bodenbedeckung - bestens angewachsen. Sie sehen gesund aus und sind von keinem Schädling und keiner Krankheit befallen, alle - bis auf einen!

Und das kam so... Das A und O ist H_2O - ich wiederhole mich - dem ist nicht zu widersprechen. Ohne Zweifel geht ohne Wasser gar nichts!

Doch in der Wichtigkeitsskala gleich danach kommt für mich im Gartenbau, daß man nach Möglichkeit immer alles zur rechten Zeit tun sollte. Ob es sich nun um den passenden Saattermin handelt oder das rechtzeitige Auspflanzen, ob es gilt, den Schädlingsbefall zu verhindern oder zu bekämpfen, das Hochkommen von Wildkräutern einzudämmen, und auch für die Zeit der Ernte gilt: es ist wichtig, daß alles im richtigen Augenblick in Angriff genommen wird. Dadurch erspart man sich mit Sicherheit eine ganze Menge Arbeit, die unweigerlich dann anfällt, wenn der Zeitpunkt verpaßt ist.

Ein besonders einleuchtendes und anschauliches Beispiel ist das Angießen der Setzlinge oder der neu- oder umgepflanzten Bäume und Sträucher. Kommt man zu spät mit der rettenden Gießkanne, hilft alles nichts mehr. Ist die Wurzel erst mal vertrocknet, ist das Aus endgültig!

So ist es mir beinahe mit einem meiner jungen Apfelbäumchen geschehen, einem *Jonathan*. Ich hatte ihn ausgangs des Winters voller Sorgfalt und Zuversicht in die Erde gebracht, leider ganz an der Grenze meines Gartens und auch noch ziemlich verdeckt von allerlei Buschwerk. So kam es, daß er mir in der Eile der Frühjahrsbestellung - nachdem er erst gut angewachsen war, etwas aus Auge und Sinn geriet. Als es dann richtig heiß wurde, dachte ich immer noch nicht an ihn, bis ich zufällig einmal seiner ansichtig wurde.

Was für ein gewaltiger Schreck überkam mich!

Erbärmlich sah er aus, mit dürren, hängenden Blättern und Zweigen und meine eiligst herbeigeschafften Wassermassen schienen vergebliche Liebesmüh zu sein. Welche Vorwürfe ich mir machte! Der arme Schimmel in dem kleinen Spottliedchen meiner bayerischen Heimat fiel mir ein:

Und wia da Schimmi doat is g'wen
hams eam a Schiwi Hei hi'gem
Net daß hoaßn dat zweng da Noat
war da Schimmi doat!

Auf gut deutsch: Als der Schimmel tot war, haben sie ihm schnell noch ein Bündel Heu hingegeben, nicht daß es heißen würde, wegen der Not wäre der Schimmel tot!

Er sah wirklich aus wie der verhungerte bayerische Schimmel, mein armer, kleiner Jonathan. Trotzdem gab ich ihm weiter jeden Tag reichliche Wassergaben, und er erhielt auch den entsprechenden Zuspruch von mir mit der Bitte um Verzeihung für meine Nachlässigkeit.

Und siehe da, eines schönen Tages zeigten sich ganz winzig kleine hellgrüne Blattspitzen, ein paar Regengüsse taten ein übriges, und nun steht er da, in voller Kraft und Schönheit, wie neugeboren, kräftig sich regend und sich seines Daseins erfreuend. Und ich erfreue mich mit ihm!

Blumen

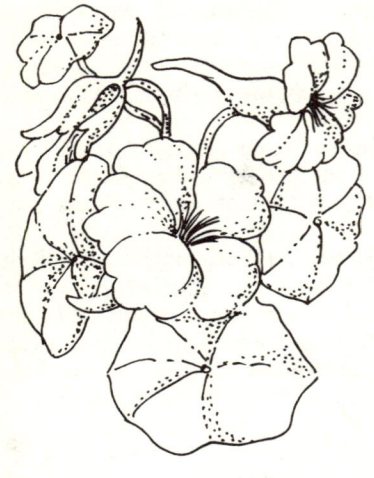

Mulch - ja oder nein- diese Frage ist bereits öfter angeklungen. Sie ist auch gewiß nicht so einfach zu beantworten; es ist Geschmackssache. Man muß sich erst an den Anblick gemulchter Blumenbeete gewöhnen. Wo es bei mir möglich ist, beziehe ich die Blumen mit in die *Mulch-total-Methode* ein, und das hat mir manche Arbeitsersparnis gebracht, vor allem unter den Stauden.

Vielleicht mögen Sie, liebe Leser den Eindruck gewinnen, daß ich mir nicht allzuviel aus Blumen mache, da ich mich bisher in der Hauptsache mit Genießbarem, also mit Gemüse und Obst beschäftigt habe. Da muß ich gleich gestehen, daß ich diesen strengen Trennungsstrich zwischen den beiden Spielarten der Natur, wie diese ihn ja überhaupt nicht kennt, schwer nachvollziehen kann.

Ein Beispiel: Haben Sie sich wirklich schon einmal ganz bewußt eine „simple" Kartoffelblüte angesehen, ich meine, wirklich ganz in sich aufgenommen? Sie ist von graziler Schönheit. Würde man sie als Solitärstaude in einem Vorgarten ausstellen, erkundigte sich mancher Beschauer sicher, aus welchem exotischen Land (aus dem die Kartoffel ja tatsächlich kommt) denn diese Rarität stamme. Mit mancher Orchidee könnte sie es aufnehmen, von weiß über blau oder rotviolett, von hellrot bis zweifarbig gestreift reicht ihre Farbskala. Kein Wunder, daß die Damen am Hof des französichen Sonnenkönigs sich gerne damit schmückten.

Heute, zur „Nutzpflanze" degradiert, hinter das Haus verbannt, wird die Kartoffel schamhaft versteckt, das Interesse gilt allein ihren nahrhaften Knollen. Mir scheint es manchmal so, als müßten wir uns ihrer genieren. Auch will man anscheinend tunlichst nicht zeigen, daß man seinen täglichen Nahrungsbedarf aus der Fülle der eigenen Muttererde deckt statt aus dem Supermarkt.

Auch Blumen haben natürlich ihren Platz in meinem Garten, ein völliges Gewährenlassen ist im Gartenbau unmöglich. Aber wenn sich nun eine Stockrose zwischen die Kartoffeln und den Kürbishügel verirrt hat oder eine Margerite sich ausgerechnet im Kohlbeet besonders wohlfühlt, warum sollte ich sie dann herausreißen? Märzenbecher zwischen den ersten grünen Spinatreihen? Ich finde das aufregend schön! Wenn sie sich gar zu breit machen, nehme ich sie natürlich auch heraus und setze sie woanders hin, wo sie nicht stören. Ja, manche Blumen habe ich sogar zum „Fressen" gern, viele von ihnen sind genießbar, so z.B. die Löwenzahnblüte, die der Kapuzinerkresse und auch ein Gänseblümchen hat nichts dagegen, dem menschlichen Nahrungskreislauf einverleibt zu werden. Manche Gewürze werden nur aus Blüten gewonnen, und die Heilkraft der Kamillenblüte ist jedem geläufig. Wo ist da eine Grenze zu ziehen?

Das zarte Spargelgrün, wer wäre nicht entzückt davon und verwendete es gerne für seine Sträuße, oder die enorme, leuchtendgelbe Blütenglocke von Zucchini und Kürbis, sollten sie uns weniger erfreuen, weil ihre Früchte zum menschlichen Verzehr bestimmt sind?

Auch kann ich ehrlich sagen, daß mir eine blühende Sommerwiese, ein Getreidefeld durchsetzt mit Mohn, Raden und Kornblumen oder gar eine duftende Almweide im Herbst nicht weniger Vergnügen bereiten als es der gepflegteste Park oder Blumengarten mit seinen oft teuren, aus fernen Ländern importierten Blumen und Gehölzen tut.

Doch nun genug der philosophischen Betrachtungen.

Wir wollen uns weiterhin freuen an all dem Schönen und Nützlichen, das uns unser Garten beschert, sei es nun eine Gaumenfreude oder nur eine Augenweide.

Magst du die Blumen nicht?
fragt man mich oft
denn meine Vase ist leer!
Ich freue mich am Blühen, Wachsen
und Vergehn
dort, wo sie stehn!
Liebst du sie mehr?
Ob Mensch, Tier, Blume oder Baum
will nicht ein jedes leben
und sterben
in seinem Raum?
            Magda H. Schröder

Woche 31

Die Rückkehr aus meiner „Schreibklause" unter dem grünen Blätterdach meines Apfelbaumes fiel mir nicht schwer!

Ich brauchte keine staubigen, heißen Landstraßen und keine überfüllten Autobahnen zu befahren, keine Jumbo-Jets zu besteigen - nur einen einzigen Schritt tat ich, und schon war ich wieder mittendrin in der Realität meiner grünen Praxis. Sie nahm mich auf, als wäre ich nie fortgewesen. Ich meinte, ihr leises Willkomm zu spüren.

Während ich durch die Beete schlenderte, hier mich über die herangereiften Tomaten freuend - gleichzeitig die inzwischen nachgewachsenen Seitentriebe entgeizend - dort die bloßgelegten Erdlöcher der Vögel wieder bedeckend, dachte ich: „Wie gut, wenn man seinen Arbeitsplatz einmal verläßt." Aus der Ferne sieht man nämlich klarer. „Was ärgere ich mich eigentlich auch nur einen Augenblick über die Tiere? Sie können doch nur ihrem Instinkt folgen, etwas anderes haben sie nicht! Ich aber - denn dazu ward mir der Verstand - kann denken und nur das hilft mir und bringt mich weiter. Also: löse Dein Problem mit dem Kopf!"

Das bedeutet für mich und meinen Garten: wo es nicht allzusehr schadet, laß ich die Vögel scharren, selbst auf die Gefahr hin, daß dieser nicht einen ganzen Sommer lang einen gutestubereinen Eindruck macht. Wo der Schaden, der angerichtet wird, zu groß ist, müssen Netze gespannt werden, so lästig dies auch manchmal sein mag. Ich rede mir zu: „Denk an die viele Arbeit, die dir das Mulchen woanders erspart."

Die ersten Bohnen sind pflückreif, etwas später als in anderen Sommern. Doch sie sehen sehr zart und gesund aus, und so schmecken sie auch! Spinat kann zum zweitenmal geschnitten werden, er ist nicht hochgeschossen, wie das sonst um diese Hochsommerzeit regelmäßig der Fall war, auch ist kein Läusebefall zu entdecken. Beim Weißkohl ist weiterhin kein Erfolg in Sicht, im Gegenteil, er ist noch mehr zerfressen. Der Rotkohl aber hat sich erholt und schöne, feste Köpfchen gebildet.

Das zuletzt gepflanzte Wintergemüse, Grün- und Rosenkohl, Steckrüben und Brokkoli, ist gut angewachsen. Ich kann es nun dicht mit Stroh eindecken. Der Knollenfenchel für diesen Herbst und die Schwarzwurzeln für das kommende Jahr - vor meinen „Ferien vom Ich" ausgesät - keimen. Doch zum Mulchen sind sie noch zu wenig stabil, da warte ich lieber noch eine Woche. Die ersten Rote Bete kann ich ernten und den übrigen, wo sie zu dicht stehen, Raum geben; ebenso die Möhren aus meinem „Streubeet" (siehe Seite 95).

Die umgesetzten Heidelbeeren haben den „Ortswechsel" offensichtlich gut überstanden, und auch mein kleiner Jonathan freut sich sichtlich über sein neugewonnenes Dasein. Mein achtjähriger Walnußbaum sieht dagegen nicht so gut aus. Er hat einige gelbe Blätter, und manche sind ganz vertrocknet und dürr. Trotz der dicken Mulchschicht, die ich ihm vorsichtshalber gegeben hatte, bekam er während der Trockenzeit wohl doch nicht genug Wasser. Er steht an einem steilen und sehr der Sonne ausgesetzten Abhang, der noch dazu nicht gewachsen ist, sondern aufgeschüttet wurde. Da kann man sich gut vorstellen, daß die Feuchtigkeit schnell abrinnt und auch keine noch so dicke Bedeckung helfen kann. Ich lege gleich meinen Schlauch aus dem Reservoir, das nun wieder gut gefüllt ist, an seine Scheibe und hoffe, daß es nicht zu spät ist.

Auch der Sellerie hat sich nicht zufriedenstellend entwickelt, wahrscheinlich hatte ich ihn zu tief gepflanzt, das liebt er nicht sehr. Ich lege rund um seine Wurzelstöcke die Erde bei Seite, und auch das Stroh, das vielleicht zu sehr abdeckt, räume ich etwas weg. Damit, so denke ich, habe ich ihm bessere Bedingungen geschaffen. (Zum Problem Stickstoffsperre siehe Seite 19).

Sehr erfreut bin ich über die große Zahl von Schmetterlingen, die meinen Garten plötzlich wieder bevölkert; so viele habe ich in den vergangenen Jahren nie mehr beobachtet. Und zwar sind es nicht nur Kohlweißlinge - die man ja gar nicht immer mit Feuden sieht - sondern auch seltenere Arten. Meine *Buddleias* werden wieder von Pfauenaugen besucht, auch Zitronenfalter sind dazwischen und manch andere Art, die ich schon ausgestorben wähnte.

So ist das wohl mit der Natur: man braucht ihr nur ein wenig entgegenzukommen, und sie entwickelt ihrerseits ungeahnte Selbstheilungskräfte.

Zufrieden kehre ich von meinem Rundgang zurück: Nicht Wiedergutzumachendes ist während meiner „Abwesenheit" nicht passiert.

Woche 32

Lange habe ich nicht mehr an meine Kartoffeln gedacht, die ich im Frühling einfach auf die - an meine Beete angrenzende - Wiese gelegt hatte (siehe auch Seite 23).

Nun, was ich da zunächst sah, als sie mir endlich wieder einfielen und ich die Bedeckung hochnahm, war nicht gerade berauschend. Das konnte es wohl gar nicht sein nach der ganz großen Dürre des Sommers, und ich hatte mich ja auch in keinster Weise um meine „Aussetzlinge" gekümmert, sondern sozusagen alles die Natur machen lassen. Ich hatte weder gewässert, noch gedüngt oder gehackt, und so lag denn dort auch nur ein kleines Häuflein goldgelber Erdäpfel, jedoch - und das war ganz erstaunlich für mich: die Erde ringsherum hatte sich in der Zwischenzeit zu wunderbarer, feinkrümeliger, dunkler und fruchtbarer Humuserde gemausert. Erde, von der ich auf meinem harten, klumpigen Lehmboden immer nur geträumt habe und die ich mit meinen bisherigen Methoden sicher in 50 Jahren nicht geschafft hätte, auch wenn ich mich noch so sehr „im Schweiße meines Angesichts" gemüht hätte.

Ein Sommer Kartoffel„anbau" auf unbearbeiteten Grassoden hat das fertiggebracht - ohne Wässern, ohne Düngen, ohne Bearbeitung durch Menschenhand!

Ich muß immer wieder hingehen und es mir anschauen, und kein Besucher kommt aus meinem Garten, ohne daß er dies gesehen hat! Alle stehen ungläubig staunend davor.

Ungefähr dasselbe erlebte ich mit einem der Tomatenstöcke, die sich aus den Tomatenresten meiner Küchenabfälle entwickelt hatten (siehe Seite 103). Er war zu einem gesunden, robusten und unglaublich reich behangenen Stamm herangewachsen, jetzt im August trägt er schätzungsweise doppelt soviele Früchte wie seine, von mir mit soviel Umsicht und Mühe hochgepäppelten Artgenossen. Besser gesagt, er trägt sie nur zum Teil, die meisten liegen nämlich auf dem Stroh. Sie haben also direkten Bodenkontakt, den ich bei meinen hochgebundenen Pflanzen immer tunlichst zu vermeiden suche aus Angst vor den Pilzsporen, die vom Boden aus die Pflanzen hochkriechen und manchmal, wenn nicht rechtzeitig etwas dagegen unternommen wird, die ganze Pflanze krank machen.

Ich hatte diese „Wildtomate" natürlich nicht aufgebunden, ihr keinen Boden vorbereitet, sie nicht entgeizt, so daß sie zu einem dichten „Gestrüpp" herangewachsen war, in dessen Dickicht sich ihr reicher Segen förmlich verborgen hielt.

Auch hat an dieser Stelle noch niemals eine Tomate gestanden, es war also keine einzige der Bedingungen erfüllt, unter denen man dieser Pflanze ein gutes Gedeihen nachsagt.

Meine Folgerung daraus, was ich schon immer zu beobachten glaubte: jede Pflanze weiß selbst am besten, wo sie die Wachstumsbedingungen findet, die sie braucht. Ließe man sie selbst ihren Standort wählen, brauchte man sich um ihr weiteres Fortkommen und Gedeihen weder Gedanken, noch zusätzliche Arbeit zu machen.

Dies erklärt zum Beispiel auch den großen Wert von Wildkräutern für die menschliche Ernährung. Sie weisen einen um ein Vielfaches höheren Gehalt an Vitaminen und Mineralstoffen auf, als dies bei unseren Kulturpflanzen der Fall ist.

Ihnen schreibt niemand vor, wo sie zu wachsen haben, und so suchen sie sich genau den Platz aus, an dem sie optimale Bedingungen vorfinden. Damit wird auch klar, warum sie manchmal Jahrzehnte in der Erde „schlummern" und dann auf einmal so zahlreich hervorkommen und förmlich eine Stelle mit ihrem Wuchs überschwemmen. Es ist nicht so, daß eben dorthin so viel Samen geweht oder gefallen wäre, sondern in diesem Augenblick haben sie die Bedingungen gefunden, die sie für ihr Gedeihen benötigen; vielleicht herrscht auch gerade die Witterung, die ihnen ihr Hochkommen ermöglicht.

Woche 33

Es ist so heiß und trocken, daß sich jegliche Arbeit im Garten von selbst verbietet. Mensch und Tier verkriechen sich vor der sengenden Sonne und der Schwüle, wo es nur irgend möglich ist.

Während überall, vor allem im süddeutschen Raum, unwahrscheinliche Wassermassen vom Himmel herunterrauschen und an manchen Orten diesbezüglich alle Rekorde gebrochen werden, ist hier im südlichen Niedersachsen genau das Gegenteil der Fall. Speziell in meiner näheren Umgebung komme ich mir vor wie in einer Enklave, die vom Regen auch dann noch ausgespart wird, wenn schon überall im Umkreis heftige Gewittergüsse niedergehen. Dadurch bleiben wir allerdings auch verschont von den verheerenden Unwetterkatastrophen wie Überschwemmungen, Sturmschäden und Erdrutschen, von denen andere Teile des Landes heimgesucht wurden. Da ist die Trockenheit doch noch das kleinere Übel.

Längst sind alle Wasserreserven ausgeschöpft. Ich schaue hinunter in meinen Garten und preise mich glücklich, weil ich alles so wohlverwahrt unter der Mulchdecke liegen sehe. Wäre das nicht der Fall, würde ich hier in meinem ausgesprochenen „Sonnenloch" längst alle Bemühungen um irgendeinen Ertrag aufgegeben haben.

Zwar sind auch bei mir schon deutliche Spuren von Ausfällen zu erkennen, besonders bei den flachwurzelnden Pflanzen, auch Bäume sind schon in Mitleidenschaft gezogen, da das Grundwasser schon ganz erheblich zurückgegangen ist. Ich muß mich bei meinen Wassergaben darauf beschränken, die allerschlimmsten Schäden zu vermeiden. Aber im Vergleich zu den anderen Gärten ringsherum ist nun der Segen der Bodenbedeckung für jedermann sichtbar. Jetzt begegne ich auch nicht mehr so vielen zweifelnden Blicken, sondern mancher Beschauer aus der Umgebung beneidet mich um meine wasserspeichernde Mulchschicht.

Eine offensichtlichere Bestätigung meiner Methode hätte ich mir gar nicht wünschen können, habe sie mir aber gewiß auch nicht in dieser Form herbeigesehnt.

Dies schon aus Solidarität mit all den Gartenfreunden und vor allem auch mit den Landwirten, die wegen der enormen Ernteausfälle z.T. schon hart um ihre Existenz ringen.

Und nicht zuletzt habe ich auch Mitleid mit den durstleidenden Tieren und Pflanzen.

Doch noch während ich an der Schreibmaschine sitze, zieht ein mächtiges Gewitter herauf und bringt uns die ersten Regengüsse des Sommers, die diesen Namen überhaupt verdienen. Im Nu sind alle Wasserbehälter wieder aufgefüllt, die Erde ist am Dampfen, und man hört förmlich, wie sie aufatmet und mit ihr alles, was lebt.

Nun heißt es aber eilends meine Schreibmaschine mit dem Sauzahn zu vertauschen, um all die Arbeiten nachzuholen, die dringend erforderlich sind.

Woche 34

Die Ernte ist nun in vollem Gange, es gilt, alle Hände zu rühren, um den Segen zu bergen. Die Bohnen hängen so voll, daß die Stauden unter der Last fast am Boden liegen. Obwohl ich sie nacheinander gepflanzt habe, sind sie nun doch fast alle gleichzeitig reif. Erbsen, Gurken, Zucchini können laufend abgenommen werden, und selbst meine Paprikas sind unter der „südlichen Sonne" herangereift. Ich freue mich, daß ich just in diesem Sommer, der geradezu prädestiniert ist für diese Gemüse, nach längerer Pause wieder einen Versuch unternommen habe.

Ich verstehe gar nicht, warum es immer heißt, man solle keine Pflanzen anbauen, die nicht bei uns heimisch sind. Was heißt überhaupt „bei uns heimisch"? Viele der Sorten, die wir heute in unseren Gärten kultivieren, sind einmal von weit her bei uns eingeführt worden, z.B. Kartoffeln oder Tomaten.

Ich erinnere mich ganz deutlich daran - ich war ungefähr 12 Jahre alt, also vor gut 60 Jahren - als mir meine Freundin eine verlockend aussehende Frucht vor die Nase hielt. Verführt von der leuchtend-roten Farbe, biß ich kräftig hinein. Gleich darauf landete das Abgebissene aber auf der Erde, ich hatte etwas Süßes erwartet. Heute gehören Tomaten zu meinen Lieblingsfrüchten.

Auf unserem Planeten sind doch alle Pflanzen „heimisch", und wenn es ihnen hier in unserem Klima ganz und gar nicht zusagt, werden sie es schon unmißverständlich zum Ausdruck bringen.

Woche 35

Ein glücklicher Zufall bescherte mir heute eine ganze Menge kostenloses Mulchmaterial von bester Sorte - und eine neue Erkenntnis!

Mein Nachbarhaus, dessen Garten an den meinen angrenzt und das in neue Hände übergegangen ist, wird teilweise abgerissen. Es gehörte einer fast 80jährigen Bäuerin, die eine Gewohnheit hatte, die vielen alten Menschen eigen ist: sie hob alles auf, was eventuell irgendwann noch einmal von Wert sein könnte.

So förderten die erstaunten Bauleute eine Menge Heu ans Licht des Tages, das da in einer alten Scheune vor sich hinrottete und jeden Sommer noch um mehrere Grasschnitte aufgestockt worden war.

Von der modernen *Mulch-total-Methode* hielt meine Nachbarin nichts, meine ersten, zaghaften Versuche hatte sie mit allergrößter Skepsis beobachtet.

Da lag also ein Riesenhaufen Heu, und die Arbeiter fragten sich: „Wohin damit?" Sie waren hocherfreut, als ich ihnen signalisierte: „Her damit zu mir!"

Das Heu lag kaum auf der Wiese zwischen unseren Häusern - ich war kurz hineingegangen - als mich ein fröhliches Jauchzen und Juchzen ans Fenster lockte. Eine Kinderschar vergnügte sich und tobte mit einer Wonne in dem Haufen herum, daß ich es gar nicht übers Herz brachte, sie daraus zu vertreiben. Ich wäre am liebsten mit hineingesprungen!

Und es fiel mir wie Schuppen von den Augen. Ich wußte plötzlich, warum mir die Gartenarbeit mit der *Mulch-total-Methode* soviel Spaß bereitet. Bislang dachte ich mir immer, es wäre nur die Freude darüber, daß nun nichts mehr von mir verlangt wird, was die Kräfte einer über Siebzigjährigen total überfordert. Nein, es ist da offenbar noch etwas anderes - es ist die Erinnerung an meine Kindheit. Geweckt durch die Heu- und Strohdüfte erwachte sie wieder in mir.

Meine Geschwister und ich verbrachten nämlich unsere Sommerferien stets auf dem großelterlichen Hof im Bayerischen Wald. Das allergrößte Vergnügen bereitete uns immer die Heuernte, wo wir nach Herzenslust in dem wohlriechenden Haufen herumtobten, solange, bis es den helfenden Onkeln und Tanten zuviel wurde und sie uns - im Streß der schweren Arbeit stehend - mit ihren Heugabeln drohend und schimpfend vom Wagen herunterjagten.

Nun kann mich nichts und niemand mehr aus meinem Paradies vertreiben, und ich kann mein „Kinderspiel Mulchgarten" fortsetzen, solange ich will!

Woche 36

Unvermindert und unentwegt tut die Sonne weiterhin ihren Dienst, als wäre es hoher Sommer. Aber, es ist nicht zu leugnen, in zwei Wochen beginnt der Herbst.

Ich warte auf eine neue Strohlieferung, um die dünn gewordenen Stellen neu aufzufüllen. Zu meiner großen Freude ist der Garten bereits weitgehend wildwuchsfrei. Zeigt sich noch irgendwo ein Kräutlein, das da nicht hingehört, kann man es noch immer mit Leichtigkeit aus der Erde ziehen; ein Zeichen dafür, daß sie auch unter der nur noch sparsam vorhandenen Decke immer noch gut feucht ist. Nur der Giersch, der Hahnenfuß und der Löwenzahn haben die *Mulch-total-Methode* an einigen Stellen überstanden. Ich ziehe das Stroh beiseite und gehe mit dem Stechgerät an die Wurzeln, die ich einfach oben auf das Stroh werfe, wo sie dann vertrocknen.

Die letzte Bohnenernte, die ich für heute vorgesehen hatte, war eine Enttäuschung. Mein großer Korb, den ich wohlgefüllt in die „Scheuer" zu bringen gedachte, blieb leer. Trotz der Mulchdecke, die sie vor dem Austrocknen schützen sollte, waren die Bohnen doch regelrecht verdorrt. Die Hülsen fühlten sich an wie Stroh, es hatten sich keine Kerne gebildet, und sie ließen sich auch nicht durchbrechen.

Wenn ich die Gefahr rechtzeitig erkannt hätte, wäre vielleicht durch ausgiebiges tägliches Wässern etwas zu retten gewesen, jedoch, ich bezweifle das. Die

Luft war einfach zu trocken, und da die Bohnen ihre Feuchtigkeit mehr direkt aus der Luft und weniger aus dem Erdreich über die Wurzeln beziehen, hätte auch eine noch höhere Strohschicht wenig Sinn gehabt.

Ich schlucke meine Enttäuschung hinunter, erfreue mich an der prächtigen zweiten Himbeerernte, die mir noch reichlicher als die erste im Hochsommer entgegenlacht, und dem Riesenerfolg bei den Paprikas, den Pepperonis, dem Fenchel und vielen anderen Gemüsen, die der herbstliche Garten so freigiebig spendet. Die Möhren sind zu ungeahnten Ausmaßen gediehen, eine einzige reicht gewöhnlich für eine Mahlzeit, und die Besucher können sich nicht genug wundern über meine Früchte.

Wenn ich daran denke, wie arbeitsüberlastet die Herbstzeit in anderen Jahren immer war - ähnlich wie das Frühjahr für den Gartenfreund fast unausweichlich mit Streß verbunden - so genieße ich jetzt die wunderschönen Tage des Altweibersommers ohne den Druck des Umgrabens, Hackens und Jätens. Ich kann mich vermehrt den pflegerischen Arbeiten zuwenden, die ich sonst so gut wie nie geschafft habe.

Die Ernte, sonst in diesen Tagen und Wochen alle Hände - und mehr noch alle Rücken - überlastend, kann sich nun in Ruhe über den Herbst bis weit in den Winter hinein abwickeln. Man hat ja die frühen Nachtfröste in keiner Weise mehr zu fürchten, sondern wirft bei Bedarf einfach einige Hände voll Stroh über die gefährdeten Kulturen.

Woche 37

Diese Woche habe ich mir für Arbeit an den Bäumen und Beerensträuchern reserviert. Ich räume das Stroh auf den Scheiben beiseite. Es ist an manchen Stellen schon sehr dünn geworden, und dort zeigen sich auch Wildkräuter, die ich erst einmal aussteche. Dann verteile ich einige Schaufeln Algomin und Gesteinsmehl auf die Erde.

Die Apfel- und Birnbäume, die nun genau wie die Sauerkirschen deutliche Spuren der Moniliafäule (erkenntlich an den weißlichen, runden Fäulnisstellen der Früchte) zeigen, bepflanze ich zur Bekämpfung dieser Krankheit vermehrt mit Meerrettichwurzeln, die hier in der Nähe überall wild vorkommen und sehr leicht anwachsen. Jeden Baum oder Busch - mit Ausnahme von Pfirsich- oder Aprikosenbäumen - erfreue ich mit einer Gießkanne voll Kali-Permanganat in satter Lösung.

In den vergangenen Tagen habe ich mir zusammen mit den Meerrettichwurzeln auch einen großen Eimer voll Kuhfladen von der Weide geholt und daraus einen Stammstrich für meine Obstbäume bereitet. Hier ist das Rezept:

Man nehme je nach Anzahl und Größe der zu behandelnden Bäume einen Tee aus Ackerschachtelhalm mit etwas Rainfarn vermischt. In diese Brühe bröckele man abwechselnd reinen Lehm und Kuhdung. Falls soviel Kuhdung vorhanden, ist das Verhältnis 1:1 am besten, das ist aber kein Muß.

Nun rühre man das Ganze zu einem nicht zu dicken Brei, der glatt sein muß wie ein Kuchenteig. Pro Eimer des Gemisches gebe man zur Lockerung noch eine Handvoll feinsten Kiessand oder (noch besser) Kiesmehl.

Den Brei am besten über Nacht stehen lassen, dann kann er auf den vorher mit der Schachtelhalmbrühe gut gesäuberten und abgebürsteten Stamm mit einer Malerquaste oder einem Handbesen schön satt aufgetragen werden. Auch den erreichbaren Ästen tut er sehr gut. Der Anstrich hält ungefähr ein Jahr, er bekommt jedem Baum.

Bitte vor dem Anstrich immer gut durchrühren. Die Mühe wird reichlich belohnt. So werden nicht nur Ungeziefer ferngehalten und eventuelle Wunden geheilt, sondern der Anstrich ist auch ein Schutz gegen Sommer- und Winterschäden, und die Fruchtbarkeit wird gesteigert!

Meine Äpfelbäume werden außerdem noch mit einem Leimring ausgestattet, damit das Frostspannerweibchen an der nächsten Ernte keinen Schaden anrichten kann.

Auf der Wiese neben meinem *Jakob-Lebel* habe ich wieder ein Wühlmausloch entdeckt. So pflanze ich noch einige Zwiebeln der *Kaiserkrone* an einem sonnigen Platz in der Nähe, die mir diese Nager fernhalten sollen, und ich denke, damit habe ich alles in meiner Macht stehende getan und kann nun beruhigt meine „Daunendecke" für den Winter, eine ca. 20 Zentimeter hohe Strohschicht, darüberbreiten.

Woche 38

Mein Strohlieferant hat mich wieder bestens und rechtzeitig mit frischem Material versorgt, und so kann ich nun meinen ganzen Garten winterfest machen. Wo die Decke zu dünn geworden ist, kommt neues Stroh drauf, so daß sie nun etwa 10 Zentimeter hoch liegt. Ich schaue mir an besonders zu Nässe und damit zu starker Verdichtung neigenden Stellen den Boden an, ob er hart und klumpig ist. Dort greife ich vor dem Aufbringen der Mulchschicht noch einmal zum Sauzahn und lockere ihn auf.

Ein Gartenfreund aus der Hamelner Gegend, der mich diesen Sommer öfters besuchte, um meine Bemühungen zu verfolgen, schrieb mir über seine Erfahrungen: Bis 1984 hatte er einen Garten im Emsland mit seinem leichten Sandboden, wo man gar nicht genug Mulchmaterial heranschaffen konnte. Dort hatte er auch mit der Mulchmethode sehr gute Erfolge erzielt.

Ganz anders ist es in seinem neuen Garten mit schwerem Tonboden - „bei Regen wie Fensterkitt", so beschreibt er ihn. Auch hier versuchte er zu mulchen, doch war der Ertrag in manchen Jahren gleich null.

Er ließ eine Bodenanalyse vornehmen. Fast alle Werte waren zu hoch, vor allem der Mangangehalt, was auf Luftmangel hinweist. Es wurde ihm empfohlen, den Boden umzugraben und die Mulchschicht wegzulassen. Den Rat mit dem Graben hat er nicht befolgt, wohl aber vom Mulchen Abstand genommen, da er auf seinem jetzigen Boden auch eine größere Schneckenplage unter der Bedeckung feststellte.

In diesem Sommer hat er nun doch wieder - vielleicht angeregt durch meine guten Ergebnisse - einige Kulturen gemulcht, - was sicherlich in diesem trockenen Sommer nur von Vorteil sein konnte. Er hat jedoch trotz Mulch die Früchte auch gehackt. Er wollte einfach nicht mehr das Risiko einer totalen Mißernte eingehen; im Herbst hat er vor, die Mulchschicht wieder zu entfernen. So will er sich doch langsam wieder in die *Mulch-total-Methode* „ einschleichen".

Warum ich das so ausführlich beschrieben habe? Nun, ich denke, dieses Beispiel zeigt sehr schön, wie unterschiedlich sich Böden verhalten und daß man die Hoffnung, den Segnungen des Mulchens teilhaftig zu werden, nie zu früh aufgeben soll.

Ein kleines, besonders gefährdetes Beet meines Gartens werde ich mit dem im Handel angebotenen Schneckenzaun aus Metall versehen. Die Anschaffung ist zwar relativ kostspielig, doch hat man das leidige Schneckenproblem dann auf lange Sicht endgültig gelöst.

Man kann sich aus Brettern aber auch selbst gut so einen Zaun basteln, und wer einigermaßen geschickt ist, spart eine Menge Kosten. Ich werde mich in diesem Winter daran machen und mein gesamtes Gemüseland, das ich allerdings wegen der guten Ernten reduzieren will, mit so einer Schneckenabwehr versehen.

Jetzt, wo die Nächte doch schon manchmal empfindlich kalt werden, ist es an der Zeit, meine Tomatenpflanzen für das nächste Jahr zum Überwintern ins Haus zu bringen.

Vor etwa vier Wochen hatte ich von den besonders gesunden und reichtragenden Stauden die Geiztriebe abgenommen und einfach in die Erde gesteckt. Dort sind sie alle gut angewurzelt, werden nun in Blumentöpfe gepflanzt und in den Keller gebracht, wo sie sich bis zum Frühling gut entwickeln können und so dem Kreislauf des Lebens wieder zugeführt werden.

So schließt sich der Ring des Jahres allmählich. Ein Gartenjahr mit all seinen Höhen und Tiefen neigt sich seinem Ende zu. Zurückschauend kann ich sagen: Es war ein sehr schönes, erfolgreiches und fruchtbares Jahr.

Auch diesen Teil meines Buches möchte ich nicht abschließen, ohne dem Schöpfer aller Dinge meinen ganz persönlichen Erntedank auszusprechen für all die guten Früchte, die der Garten mir zum Lebensunterhalt spendet.

Dank dem Himmel, dank der Erde
die uns teilhaft lassen werde
alles des in Überfluß
was wir brauchen zum Genuß

Diese erste Strophe eines Tischgebetes der Mazdaznan-Bewegung möchte ich ergänzen:

Dank dem Bodenleben-Troß
Was tief in der Erden Schoß
schuf in tausenden von Jahren
Laßt in Ehrfurcht uns bewahren.

Mein Resümee

Es ist kein leichtes Unterfangen, die Vor- und Nachteile, die die *Mulch-total-Methode* für den Garten mit sich bringt, objektiv gegeneinander abzuwägen.

Berücksichtigt man allein die Unterschiedlichkeit der Gärten, ihre Größe, ihre geographische Lage, ihre Bodenverhältnisse, ihre hauptsächliche Nutzung, so ergeben sich schon daraus sehr unterschiedliche Feststellungen in bezug auf Arbeitsaufwand, Kosten für benötigte Geräte, Düngerbedarf usw. Noch viel schwieriger wird es, wenn man die unterschiedlichen Beweggründe für eine Gartenbewirtschaftung mit in Betracht zu ziehen versucht, als da sind: Nutzeffekt nach rein ökonomischen Gesichtspunkten, der Wunsch nach hochwertiger Ernährung des Gartenbauers und seiner Familie, Freude an einer sinnvollen, gesunden Beschäftigung in frischer Luft und am Erfolgserlebnis und mancherlei anderes mehr.

Hinzu kommt noch die Verschiedenheit der Menschen, die den Garten bearbeiten. Handelt es sich um einen jungen, kräftigen Mann, der vielleicht nur zu dem Zwecke zum Spaten greift, um die ungenügende Muskelauslastung durch seinen Beruf auszugleichen und der in den kärglichen Mußestunden schnell zu optimalen Ergebnissen gelangen möchte? Für ihn ist das Argument des reduzierten Kraftaufwandes durch die *Mulch-total-Methode* mit Sicherheit nicht sehr überzeugend. Ganz anders verhält es sich, wenn die Gärtnerin eine ältere, alleinstehende Rentnerin ist, die gern die meisten Stunden des Tages in ihrem grünen Revier verbringt, um in Ruhe und Muße ihre Pflanzen zu hegen und zu pflegen und sich an ihnen zu freuen. Da sie aber mit der Schwerstarbeit des herkömmlichen Gärtnerns einfach kräftemäßig nicht mehr zurechtkommen kann, wird sie natürlich weit eher geneigt sein, sich die Vorzüge des ganzjährigen Mulchens zu erschließen.

Dazwischen sind alle Variationen denkbar und alle Staffelungen möglich, von Teamwork bis Einzelgang, vom Teenager bis zum Greis. Nicht für jeden Gärtner wird das Mulchen gleichgroße Vorteile bringen, und nicht jeder wird seinen Garten sofort total umstellen.

Aus diesen Überlegungen heraus möchte ich zuerst auf den Punkt zu sprechen kommen, der weitgehend unabhängig ist von all den eben angeführten Unterschieden, den Vorteil des Mulchens für den **Boden**.

Diesen, von vielen Fachleuten und Experten bestätigten und in mancherlei Gartenbuch nachzulesende Verdienst des Mulchens habe ich klarzulegen versucht. Das Bodenleben kann sich entfalten, erneuern und vervielfältigen, und daraus schöpft auch der Besitzer und Bebauer des Gartens automatisch seinen Gewinn, ganz gleich, um welchen Boden es sich handelt und in welchem Zustand er sich befindet. Unterschiedlich ist lediglich, wie *schnell* oder *langsam* sich die Regenerierung vollzieht. Bei schweren Böden geht es nicht so rasch wie bei leichten, generell gar nicht geeignete wird es aber kaum geben.

Genauso wichtig wie der erste Punkt ist für mich die **Reduzierung des Kraftaufwandes** bei der Bearbeitung eines Gartens. Auch dies habe ich immer wieder zu verdeutlichen versucht und meine Argumente sowohl in meinem eigenen Garten, als auch bei Freunden, die sich gleich mir auf die *Mulch-total-Methode* umgestellt haben oder diese schon jahre- oder jahrzehntelang praktizieren, vollauf bestätigt bekommen.

Etwas anders verhält es sich mit dem **Weniger an benötigter Zeit.**

Falls man einen Garten neu anzulegen gedenkt, kann man diese Frage uneingeschränkt mit einem „Ja" beantworten. Man kann eine ganze Menge Zeit und Arbeit sparen, wenn man sich von Anfang an der *Mulch-total-Methode* bedient. Etwas anders verhält es sich, wenn man einen schon bestehenden alten Garten umstellen will, so wie ich es getan habe.

Die Umstellung erfordert zu Beginn naturgemäß einige Überlegungen und damit einen gewissen Mehraufwand an Zeit. Das gilt jedoch nur, bis die Umstrukturierung durchgeführt ist. Das Mehr an Zeit, das ich aufzubringen habe für die erforderlichen Maßnahmen wird reichlich wettgemacht durch den Wegfall all der zeitraubenden und ermüdenden Arbeiten, die den Gartenbau im herkömmlichen Sinne ausmachen.

Um einige dieser Maßnahmen zu nennen:
- geeignete Strohquelle finden
- Beete eventuell umstellen
- Pappe als Wegeunterlage und Randausstattung des Gartens organisieren, um das Hochkommen des Wildwuchses zu unterbinden
- Bretter für die Schneckenabwehr besorgen

Letzterem Problem habe ich verstärkt Aufmerksamkeit und Zeit gewidmet, da mich deswegen mehrere Warnungen und Anfragen erreichten. So richtete ich mein Augenmerk darauf, ob sich der Schädlingsbefall - abweichend zu früheren Jahren, als ich nur gelegentlich mulchte - durch die ständige Bodenbedeckung veränderte.

Ich konnte keinerlei Unterschied feststellen. Einige Pflanzen sind je nach Wetterlage dem Schneckenfraß zum Opfer gefallen, genau so wie früher auch, bei Trockenheit kaum, bei Nässe mehr, was dann zu dieser Zeit entsprechende Gegenmaßnahmen erforderte.

Ich weiß, daß es Gegenden gibt, wo das Schneckenproblem wirklich besorgniserregende Ausmaße annimmt. Bei uns hier im Norden ist das bis jetzt noch nicht so der Fall und mit den üblichen Mitteln zu bewältigen. Aber solche Probleme werden durch das gestörte Gleichgewicht der Erde mehr und mehr auf uns zukommen und weit über das Maß hinausgehen, das wir durch die unterschiedlichen Witterungsbedingungen der einzelnen Jahre bisher kannten. Es wird unsere ganze Aufmerksamkeit und Intelligenz erfordern, diese Probleme zu meistern.

Das führt mich dazu, noch mehr als bisher für die Mulchmethode zu plädieren. Es ist - neben vielem anderen - ein kleiner, aber nicht unwesentlicher Beitrag zur Wiederherstellung des natürlichen Gleichklanges unseres Planeten und all seiner Bewohner.

Durch den Wegfall von teuren Gartengeräten und Düngemitteln und durch die Verringerung des Gartenareals ist - ganz besonders natürlich bei der Neuanlage oder Planung - eine erhebliche **Kostenersparnis** zu erzielen. Die Tatsache, daß man weniger Fläche benötigt, möchte ich ganz besonders hervorheben, habe ich doch unter dem Eindruck meiner letzten, hervorragenden Ernten, die z.T. alle meine Erwartungen übertrafen, meine Beete um ein gutes Drittel verkleinert. Dies kann man wohl ohne Zögern auf der Positivliste der *Mulch-total-Methode* vermerken.

An Stroh benötige ich bei dem 300 Quadratmeter großen Gartenteil, der ständig gemulcht wird, etwa 20 Bündel pro Jahr. An Dünger verwende ich Gesteinsmehl und Algenkalk, außerdem brauche ich noch Sand für die Wege und zum Auflockern des dichten Lehmbodens, wo er mir noch zu kompakt erscheint. Ich denke aber, diese Maßnahme wird bald nicht mehr nötig sein.

Auch etwas Knochenmehl habe ich bisher verwendet, ich hatte es noch vorrätig, möchte aber in Zukunft auch das weglassen und lieber nicht-tierischen Düngegaben wie Rizinusschrot, Pflanzenjauchen und mineralischem den Vorrang geben.

Selbst wenn man in besonders gefährdeten Gebieten die Anschaffung eines Schneckenzaunes um den gesamten Garten oder besonders heimgesuchte Beete und auch die Kosten für Vogelschutznetze, die zu manchen Zeiten nötig werden können, in Betracht zieht, ergibt die Rechnung ein für die *Mulch-total-Methode* günstiges Bild. Die gewiß nicht billigen chemischen Düngemittel und die sogenannten „Pflanzenschutzmittel" fallen da schon erheblich mehr ins Gewicht.

Doch die Frage, ob biologisch oder chemisch, hat ja mit dem Mulchen nichts zu tun, sondern betrifft den Gartenbau im Allgemeinen.

Von Benutzern chemischer Präparate hört man oft die Ansicht, daß die Herstellung von biologischen Pflanzenschutz- und Düngemitteln soviel mehr an Arbeit kosten würde und Zeit ja schließlich auch Geld sei. Das ist natürlich richtig, aber es ist ja gerade das erklärte Ziel der Mulchmethode, diese Arbeiten mehr und mehr unnötig zu machen, bzw. sie auf Ausnahmesituationen zu beschränken.

Wenn sich die gesamte Bodenstruktur durch die ständige Bedeckung und die Anreicherung durch das Mulchmaterial grundlegend gebessert hat, entwickeln die Pflanzen in der Folge soviel Abwehrkraft, daß sie sich selbsttätig vieler Krankheiten und sogar mancher Schädlinge erwehren können.

Dies wird mir von Leuten, die sich zum Teil schon jahre- und jahrzehntelang einer solchen Arbeitsweise bedienen, vollauf bestätigt.

An letzter Stelle möchte ich erwähnen - und vielleicht ist das das Allerwichtigste - daß die *Mulch-total-Methode* den Anstoß geben kann, mit der Bewirtschaftung eines eigenen Gartens anzufangen.

Die Möglichkeit des ganzjährigen Mulchens ebnet auch den Menschen den Weg, die von der Gartenarbeit ihrer Beschwerlichkeit wegen bis jetzt Abstand nahmen.

Schlußwort

Wir müssen bereit sein, umzudenken.

Bestimmte Dinge werden in einer bestimmten Weise getan, weil das „schon immer so war". Oft gab es ja auch einmal einen sinnvollen Grund dafür. Schlecht wird etwas erst in dem Moment, in dem man es nur noch aus Gewohnheit tut und nicht mehr fragt, warum man es einst so angefangen hat und ob dieser Grund auch heute noch gültig ist. Wenn man erst einmal seine Gewohnheiten unter diesem Gesichtspunkt durchforstet, kommt man auf vielerlei Gebieten zu erstaunlichen Fortschritten.

Nach 50-jähriger Gartentätigkeit glaubte ich eine Menge zu wissen. Doch dieses „alte" Wissen reduziert sich ständig, und ständig lerne ich Neues hinzu, das führt bei mir zu überraschenden Ergebnissen.

Ich glaube, das große Hindernis, das der weiten Verbreitung der *Mulch-total-Methode* im Weg steht, liegt in ihrer Einfachheit.

Wir Menschen des 20. Jahrhunderts haben verlernt, daß alle wirklich guten Dinge einfach sind, wir sind eher bereit, den kompliziertesten Mechanismen zu vertrauen.

Dies trifft auf alle Bereiche des Lebens zu, auch auf die Landwirtschaft und den Gartenbau.

„Der Grund, daß die verbesserten Techniken des Menschen nötig zu sein *scheinen* ist der, daß das natürliche Gleichgewicht von den gleichen Technikern vorher so gestört worden ist, daß das Land von ihnen abhängig wurde", schreibt der japanische Landwirt und Philosoph *Masanobu Fukuoka* in seinem wunderbaren Buch *Der Große Weg hat kein Tor* und plädiert für eine Nichts-Tun-Landwirtschaft, die der Weisheit der Natur vertraut.

Was können wir geplagten Menschen uns in dieser Zeit besseres wünschen, wenn nicht durch völliges Nichtstun, so doch durch erhebliche Arbeitsverringerung zu guten Ergebnissen zu gelangen.

Beschreiten wir den Weg, der kein Tor hat. Er ist offen für alle!

Über die Autorin

1916 in Rottach-Egern am Tegernsee geboren, mußte Magda-Helene Schröder schon im Alter von 16 Jahren für eine große Familie sorgen. Sie verdiente Geld als Sekretärin - die Arbeit war ihr zwar verhaßt, aber was blieb ihr übrig - und führte den Haushalt. Nach ihrer Heirat 1939 zog sie nach Hannover, wo sie mit drei kleinen Kindern den Zweiten Weltkrieg und die Nachkriegszeit überstand und bis 1981 lebte.

1981 zog sie ins Weserbergland, nach Auetal-Rolfshagen, wo sie derzeit lebt.

Ihr besonderes Engagement gehört seit vielen Jahren dem Umweltschutz, naturgemäßen Ernährungs- und Heilweisen und - dem biologischen Gartenbau.

Magda-Helene Schröder
Nibelungenstraße 6
3262 Auetal-Rolfshagen

Begriffserklärungen

Algomin - Algenkalk zur Bodenverbesserung, im Fachhandel erhältlich

Biologisch-dynamischer Gartenbau - natürliche Anbaumethode, die die Kräfte des Universums miteinbezieht (zurückgehend auf den Begründer der Anthroposophie Rudolf Steiner)

Brennesseljauche - Brühe aus vergorenen Pflanzenteilen, verdünnt als Düngemittel oder zur Schädlingsbekämpfung zu verwenden

Cycocel (CCC) - Chemisches Produkt zur Halmverkürzung

Humofix - Kräuterpulver, das mit Regenwasser angesetzt wird und im Garten vielfältig einsetzbar ist

Leguminosen - Gründüngungspflanzen zur Bodenverbesserung

Mädesüß - *filipendula ulmaria*, Rosengewächs mit kleinen Blüten, wächst an feuchten Wald- und Wiesenstellen

Monilia - Spitzendürre an Obstbäumen

Quiritox - biologischer Wühlmausköder aus Johannisbrot, erhältlich im Fachhandel

Rainfarntee - geeignet als Spritzung gegen Rost, Mehltau und andere Blattkrankheiten

Schneckenzaun - Metallfolie zur Schneckenabwehr (zuverlässig)

Schredder - Elektrogerät zum Zerkleinern von Holzabfällen

Gärtnerische Fachberatung

Gärtnermeister Ralf Dzialas, Winterseite 12, 3512 Reinhardshagen

Gärtnermeister Gerhard Kirchner, Rathenaustr. 12, 3063 Obernkirchen

Quellenangaben

Seite 7: Löns, Hermann: *Das deutsche Buch*, Adolf Sponholtz Verlag, Hameln

Seite 34: Steinbach, Gunter: *Das große biologische Gartenbuch,* Heyne Verlag München

Seite 37: Abtei Fulda (Hg.): *Winke der Abtei Fulda*, Selbstverlag, Fulda

Seite 27: Harry Martinson: Der Regenwurrm, aus: *Gedichte*, Berglandverlag, Wien

Literaturhinweise

Der Vegetarier, Zeitschrift für ethische Lebensgestaltung, Vegetarismus und Lebensreform, hrsg. vom Vegetarier-Bund Deutschlands e.V., Hannover

Fukuoka, Masanobu: *Der Große Weg hat kein Tor*, pala-Verlag, Schaafheim

Grünefeld, Dettmer: *Kalender für den Biogarten*, pala-verlag, Schaafheim (Mondkonstellationsdaten, Monatsübersichten, Tabellen, Tips und Tricks)

Kreuter, Marie-Luise: *Biologischer Pflanzenschutz*, BLV-Verlag, München (u.a. Rezepte für Pflanzenbrühen)

Peiter, Jamila: *Die Heilkraft der Vitalernährung*, Access-Verlag, Königstein

Seifert, Alwin: *Gärtnern, Ackern ohne Gift*, Biederstein-Verlag, München

Stout, Ruth: *Mulch - Gärtnern ohne Arbeit*, pala-Verlag, Schaafheim

Thun, Maria: *Aussaattage*, Verlag Aussaattage, Biedenkopf

Adressen und Bezugsquellen

Abtei Fulda, Nonnengasse 16, 6400 Fulda

Ahrens + Sieberz, Alles für den Garten, Postfach 116, 5200 Siegburg- Seligenthal (Kiwipflanzen)

Bio-Gartenmarkt Keller, Konradstr. 17, 7800 Freiburg, (Schneckenzaun)

B. Gassmann, Im Saal 13, 2090 Winsen/Luhe, (Samenversand)

Blauetikett Bornträger GmbH, 6521 Offstein, (Kräuter und Blumen),

Jamila Peiter, Hostatostr. 51, 6230 Frankfurt-Höchst, (Vitalernährung)

Madzdaznan Bewegung, Neuzeitliche Diät- und Lebensschule, Kurstr. 4, 3593 Edertal-Bringhausen

Ökohof Wiebe, Volksdorf 15, 3061 Meerbeck, (Strohlieferant)

Rose Willner, Blumenstr. 22, 6834 Ketsch, (Kräuter, Duftpelargonien und ausgefallene Gemüsesorten)

Roswitha Kriete, Postfach 770116, 2820 Bremen, (Ökologische Produkte, „Maus raus")

W. Neudorff GmbH, Postfach 1209, 3254 Emmerthal 1

Index

Immerwährender Welt-Schutz-Kalender II

Magda-Helene Schröder

Der Kalender kostet 18,- DM und ist zu beziehen durch: Magda-Helene Schröder,
Nibelungenstraße 6, 3262 Auetal-Rolfshagen oder
C. Bösendahl, Klosterstraße 32/33, 3260 Rinteln 1 und durch den Buchhandel.

Mulch - Gärtnern ohne Arbeit

Ruth Stout

Dieses Buch ist der Klassiker zum Thema Mulch. Ein packendes und anschauliches Werk, das Lust zum Nachahmen macht. Frau Schröder wurde übrigens durch dieses Buch dazu animiert, die *Mulch-total-Methode* in ihrem Garten auszuprobieren. Mit Erfolg, wie man sieht!
Ruth Stout hat ihren Garten bis ins hohe Alter von über 90 hinein selbst bewirtschaftet. Kein Problem, wenn man ihr Geheimnis kennt: organische Abfälle, Heu und Stroh werden auf den Beeten verteilt und verrotten dort. Diese Mulchschicht düngt, hält das Unkraut niedrig und schützt vor Schädlingen.

pala-verlag, 144 Seiten, 19,80 DM, ISBN: 3-923176-18-x.